Steffen Beuthan, Günter Nordmeier

Mathematik üben mit Erfolg

9. Schuljahr Realschule

MANZ VERLAG

Das Werk und seine Teile sind urheberrechtlich geschützt. Jede Nutzung in anderen als den gesetzlich zugelassenen Fällen bedarf der vorherigen schriftlichen Einwilligung des Verlages. Hinweis zu § 52a UrhG: Weder das Werk noch seine Teile dürfen ohne eine solche Einwilligung eingescannt und in ein Netzwerk gestellt werden. Dies gilt auch für Intranets von Schulen und sonstigen Bildungseinrichtungen.

Manz Verlag
© Klett Lerntraining GmbH, Stuttgart 2009
Alle Rechte vorbehalten
Lektorat: Jürgen Grimm, Braunschweig
Herstellung: PER Medien + Marketing, Braunschweig
Umschlagkonzept: KünkelLopka, Heidelberg
Umschlagfoto: Fotostudio Maurer, Bamberg
Druck: Finidr s.r.o., Český Těšín

ISBN: 978-3-7863-3096-7
www.manz-verlag.de

Tipps zum Training mit diesem Buch

Dieses Buch enthält alle Inhalte, die üblicherweise im Mathematik – Unterricht der 9. Klasse behandelt werden.

Damit du dich besser zurechtfindest, sind die Abschnitte einheitlich aufgebaut:

Jedes Thema beginnt mit einem **farbig unterlegten Kasten**, der das für das jeweilige Kapitel **benötigte Wissen** kurz zusammenfasst.

Daran schließt sich ein **ausführlich vorgerechnetes Beispiel** – manchmal auch mehrere – mit einer typischen Aufgabenstellung für dieses Thema an.

Es folgen **verschiedene Aufgaben**, die in ihrem **Schwierigkeitsgrad anwachsen**. Aufgaben von **höherem Schwierigkeitsgrad** sind mit einem kleinen Dreieck ▲ gekennzeichnet.

An vielen Stellen findest du **Tipps** mit Lösungs- und Merkhilfen.

Im Kapitel „Grundlagen" sind die mathematischen Inhalte zusammengefasst, die du für die Arbeit in der 9. Klasse immer wieder benötigst.

Zu den Themen „Systeme linearer Gleichungen mit zwei Variablen", „Quadratwurzeln – reelle Zahlen" und „Flächensätze am rechtwinkligen Dreieck" findest du jeweils am Ende des Kapitels eine „Probe – Klassenarbeit". Mit ihrer Hilfe kannst du dich auf Klassen- und Schularbeiten vorbereiten und feststellen, ob du in diesen Themen schon fit bist.

Mithilfe der Lösungen ab Seite 78 kannst du überprüfen, ob du die Aufgaben richtig gelöst hast.

Inhalt

A Grundlagen
1. Dreisatzrechnung — 6
2. Prozent- und Zinsrechnung — 7
3. Prozentuale Veränderungen — 8
4. Taschenrechner – ein nützliches Hilfsmittel — 9
5. Gleichungen und Ungleichungen — 10
6. Bruchterme — 11
7. Einfache Bruchgleichungen — 12
8. Flächen- und Rauminhalte — 13

B Lineare Funktionen
1. Die Funktion $x \mapsto m \cdot x + c$ — 14
2. Proportionale Funktionen — 15
3. Geradengleichungen — 16

C Lineare Gleichungssysteme mit zwei Variablen
1. Lineare Gleichungssysteme zeichnerisch lösen — 18
2. Lineare Gleichungssysteme rechnerisch lösen — 20
3. Anwendungen — 24
   Probe-Klassenarbeit — 25

D Quadratwurzeln – Reelle Zahlen
1. Quadratwurzeln — 26
2. Reelle Zahlen — 28
3. Wurzelziehen und Quadrieren — 30
4. Umformen von Wurzeltermen — 31
   Probe-Klassenarbeit — 33

E Quadratische Funktionen und ihre Graphen
1. Die Normalparabel und Graphen zu $x \mapsto a \cdot x^2$, $x \in \mathbb{R}$ — 34
2. Die Funktionen $x \mapsto x^2 + e$, $x \in \mathbb{R}$ und $x \mapsto (x - d)^2$, $x \in \mathbb{R}$ — 36
3. Die Scheitelpunktform $x \mapsto a(x - d)^2 + e$, $x \in \mathbb{R}$ — 37

F Quadratische Gleichungen
1. Rein quadratische Gleichungen — 38
2. Quadratische Gleichungen zeichnerisch lösen — 39
3. Quadratische Gleichungen mit der p-q-Formel lösen — 40
4. Vermischte Übungen — 41

G Flächeninhalt ebener Vielecke
1 Zerlegungsgleiche Figuren — 42
2 Höhen in Dreiecken und speziellen Vierecken — 43
3 Formeln zur Berechnung von Flächeninhalten — 44
4 Anwendungen — 46

H Umfang und Flächeninhalt von Kreisen und Kreisteilen
1 Der Kreisumfang — 47
2 Der Flächeninhalt des Kreises — 48
3 Umfang und Flächeninhalt von Kreisteilen — 49

I Zentrische Streckung und Ähnlichkeit
1 Zentrische Streckungen — 50
2 Streckenteilungen — 53
3 Die zentrische Streckung als Ähnlichkeitsabbildungw — 54
4 Ähnliche Dreiecke — 55
5 Ähnliche Vielecke — 57
6 Vierstreckensätze (Strahlensätze) — 58

J Flächensätze am rechtwinkligen Dreieck
1 Der Satz des Pythagoras — 60
2 Streckenlängen berechnen — 62
3 Kathetensatz und Höhensatz — 64
4 Anwendungen — 66
 Probe-Klassenarbeit — 67

K Raumgeometrie
1 Lagebeziehungen im Raum — 68
2 Schrägbilder — 69
3 Zylinder — 71

L Zufall und Wahrscheinlichkeit
1 Zufallsexperimente — 73
2 Mehrstufige Zufallsexperimente und Pfadregeln — 75

Lösungen — 78
Mathematische Zeichen — 125
Stichwortverzeichnis — 126

A Grundlagen

1 Dreisatzrechnung

> Mithilfe eines **Dreisatzes** kannst du bei proportionalen und antiproportionalen Zuordnungen fehlende Größen berechnen. Dazu müssen ein Größenpaar und mindestens eine weitere Größe gegeben sein.
> - Du prüfst, ob eine proportionale oder eine antiproportionale Zuordnung vorliegt.
> - Du schreibst die Lösung in drei Sätzen auf:
>   1. Schritt: Das bekannte Größenpaar
>   2. Schritt: Du schließt (in der Regel) auf die Einheit und rechnest.
>   3. Schritt: Du schließt auf das Vielfache, rechnest und antwortest.
>
> Lege zunächst eine Zuordnungstabelle an.

Beispiel 1   Eine Strickmaschine stellt in 4 Stunden 15 Pullover her. Wie lange braucht die Maschine, um 50 Pullover zu stricken?
Vorüberlegung: Die Zuordnung *Strickzeit → Anzahl fertiger Pullover* ist proportional, weil bei doppelter (halber) Strickzeit doppelt (halb) so viele Pullover fertig werden.

Zuordnungstabelle

Fertige Pullover	Strickzeit in min
15	240
1	16
50	800

: 15 ↓ · 50   : 15 ↓ · 50

Dreisatzrechnung
Du weißt: Für 15 Pullover braucht sie 240 min.
Du rechnest: Für einen Pullover braucht sie
240 min : 15 = 16 min;
für 50 Pullover braucht sie
16 min · 50 = 800 min
Antwort: Für 50 Pullover werden 13 Stunden 20 Minuten benötigt.

Beispiel 2   5 Bagger heben eine Grube in 6 Stunden aus. Wie lange brauchen 3 Bagger?
Vorüberlegung: Die Zuordnung ist antiproportional, weil die doppelte Anzahl von Baggern die Grube in der halben Zeit ausheben würden.

Zuordnungstabelle

Anzahl der Bagger	Arbeitszeit in h
5	6
1	30
3	10

: 5 ↓ · 3   · 5 ↓ : 3

Dreisatzrechnung
5 Bagger brauchen 6 h.
1 Bagger braucht 6 h · 5 = 30 h.
3 Bagger brauchen 30 h : 3 = 10 h.
Antwort: Drei Bagger brauchen 10 Stunden.

2 Prozent- und Zinsrechnung

Grundbegriffe: 4 %   von 12 000 €   sind 480 €.
Prozentrechnung: **Prozentsatz p %**   **Grundwert G**   **Prozentwert W**
Zinsrechnung: **Zinssatz p %**   **Kapital K**   **Jahreszinsen Z_J**

Grundaufgaben
in der Prozentrechnung   in der Zinsrechnung
Berechnung eines Prozentwerts: Berechnung der Jahreszinsen:
$$W = \frac{G}{100} \cdot p \qquad\qquad Z_J = \frac{K}{100} \cdot p$$
Berechnung eines Prozentsatzes: Berechnung eines Zinssatzes:
$$p\,\% = \frac{W}{G} \cdot 100\,\% \qquad\qquad p\,\% = \frac{Z_J}{K} \cdot 100\,\%$$
Berechnung des Grundwerts: Berechnung des Kapitals:
$$G = \frac{W}{p} \cdot 100 \qquad\qquad K = \frac{Z_J}{p} \cdot 100$$

Zinsen für t Tage: $Z_t = Z_J \cdot \frac{t}{360} = \frac{K}{100} \cdot p \cdot \frac{t}{360}$

Zinsen für m Monate: $Z_m = Z_J \cdot \frac{m}{12} = \frac{K}{100} \cdot p \cdot \frac{m}{12}$

Beispiel 1

Herr Mair verdiente bisher monatlich 3 260 €. Sein Lohn wird um 2,4 % erhöht. Wie viel Euro bekommt er mehr?

Gegeben: G = 3 260 €; p = 2,4;   Gesucht: W
Rechnung: $W = \frac{G}{100} \cdot p = \frac{3260\,€}{100} \cdot 2,4 = 32,60\,€ \cdot 2,4 = 78,24\,€$
Antwort: Herr Mair bekommt nun 78,24 € mehr.

Beispiel 2

Ein Stiftungskapital von 120 000 € bringt in einem Jahr 6 600 € Zinsen. Zu welchem Zinssatz ist es angelegt?

Gegeben: Z_J = 6 600 €; K = 120 000 €;   Gesucht: p %
Rechnung: $p\,\% = \frac{Z_J}{K} \cdot 100\,\% = \frac{6600\,€}{120000\,€} \cdot 100\,\% = 5,5\,\%$
Antwort: Das Kapital wurde zu 5,5 % angelegt.

Beispiel 3

Karina hat sich einen Computer gekauft und berichtet: „Meine Eltern haben 70 % dazugegeben, nämlich 686 €." Wie teuer war der Computer?

Gegeben: p = 70; W = 686 €;   Gesucht: G
Rechnung: $G = \frac{W}{p} \cdot 100 = \frac{686\,€}{70} \cdot 100 = 980\,€$
Antwort: Karinas Computer kostete 980 €.

A Grundlagen

3 Prozentuale Veränderungen

Den häufig auftretenden Rechenfall
Anfangswert (A) ± prozentuale Veränderung = Endwert (E)
löst du am besten mithilfe von Prozentfaktoren q:
Endwert = Anfangswert · Prozentfaktor oder E = A · q
Bei **prozentualer Abnahme** ist $q = 1 - \frac{p}{100}$, bei **Zunahme** ist $q = 1 + \frac{p}{100}$.
Umkehrungen: **Anfangswert:** $A = \frac{E}{q}$ bzw. **Prozentfaktor:** $q = \frac{E}{A}$
Aus q kannst du bei Bedarf den Prozentsatz der Veränderung bestimmen.

Zinseszinsen: Bei der Verzinsung eines Kapitals K_0 **(Anfangskapital)** über n Jahre berechnest du den Endwert K_n **(Endkapital)** mithilfe von Prozentfaktoren.

$K_n = K_0 \cdot q_1 \cdot q_2 \cdot q_3 \cdot \ldots \cdot q_n$,
wenn es im 1. Jahr p_1 %, im
2. Jahr p_2 %, im 3. Jahr …
Zinsen gibt.

$K_n = K_0 \cdot q \cdot q \cdot q \cdot \ldots \cdot q = K_0 \cdot q^n$,
wenn es in allen Jahren p % Zinsen
gibt (gleich bleibender Zinssatz).

Beispiel 1   Bestimme die Prozentfaktoren a) bei einer Abnahme um 25 % (8 %, 1 %, 0,5 %), b) bei einer Zunahme um 16 % (50 %, 100 %, 1 %, 0,5 %).
Lösungen: a) Aus p % = 25 % folgt q = 1 − 0,25 = 0,75. Die anderen Prozentfaktoren heißen q = 0,92; q = 0,99; q = 0,995.
b) Aus p % = 16 % folgt q = 1 + 0,16 = 1,16. Die anderen Prozentfaktoren heißen: q = 1,5; q = 2,0; q = 1,01; q = 1,005.

Beispiel 2   Der Stromverbrauch einer Schule betrug in einem Jahr 76 000 kWh. Die Aktion „Macht unnötiges Licht aus" hatte Erfolg. Im nächsten Jahr sank der Stromverbrauch um 7 %. Wie hoch war nun der Verbrauch?
Gegeben: A = 76 000 kWh, p = 7 ⇒ q = 0,93;   Gesucht: E
Rechnung: E = A · q = 76 000 kWh · 0,93 = 70 680 kWh
Antwort: Der Stromverbrauch sank auf 70 680 kWh.

Beispiel 3   Ein Kapital K_0 = 450 000 € wird im 1. Jahr mit 4 %, im zweiten Jahr mit 5 %, im 3. Jahr mit 6 % und danach noch fünf Jahre lang mit 6,5 % verzinst. Berechne das Endkapital nach acht Jahren (K_8).
Gegeben: $q_1 = 1 + \frac{4}{100} = 1{,}04$; $q_2 = 1{,}05$; $q_3 = 1{,}06$; $q_4 = q_5 = \ldots = q_8 = 1{,}065$
Rechnung: $K_8 = 450\,000\,€ \cdot 1{,}04 \cdot 1{,}05 \cdot 1{,}06 \cdot 1{,}065^5 \approx 713\,656{,}22\,€$
Antwort: Das Endkapital beträgt 713 656,22 €.

4 Taschenrechner – ein nützliches Hilfsmittel

Umfangreiche Rechnungen lassen sich oftmals nur mit viel Mühe im Kopf oder schriftlich erledigen. In solchen Fällen kann ein Taschenrechner weiterhelfen. Wichtig ist jedoch, dass man den Taschenrechner richtig bedienen kann.

Beispiel 1

Aufgabe   *Eingabe am Taschenrechner*   *Ergebnis*

a) $14{,}9 + 23 \cdot 18$ [1][4][,][9][+][2][3][×][1][8][=]   428,9

Moderne Taschenrechner beachten die Punkt-vor-Strich-Regel selbstständig.

b) $\dfrac{13 \cdot 17 - 19}{53 - 28}$ [(][1][3][×][1][7][−][1][9][)][÷][(][5][3][−][2][8][)][=]   8,08

Der Bruchstrich steht für eine Geteilt-Rechnung. Die Rechenausdrücke in Zähler und Nenner werden jeweils in Klammern zusammengefasst.

c) $1{,}6^2 + 2{,}4^3$ [1][,][6][x²][+][2][,][4][^][3][=]   16,384

TIPP: Statt [^] haben manche Taschenrechner die Taste [yˣ].

d) $\dfrac{2}{15} + 2\dfrac{5}{12}$ [2][a b/c][1][5][+][2][a b/c][5][a b/c][1][2][=] $2\dfrac{11}{20}$

Viele Taschenrechner haben eine Taste für die Eingabe von Brüchen. Ist das Ergebnis der Rechnung wieder ein Bruch, so zeigt der Taschenrechner es z. B. so an: 2⌐11⌐20. Man kann es auch in einen Dezimalbruch umwandeln lassen und erhält 2,55.

Beispiel 2

Ein Kreis mit dem Radius 4 cm (Durchmesser 8 cm) hat einen Flächeninhalt $A \approx 3{,}14 \cdot (4\,\text{cm})^2 \approx 50\,\text{cm}^2$ und einen Umfang $U \approx 3{,}14 \cdot 8\,\text{cm} \approx 25\,\text{cm}$. Hat dein Taschenrechner eine [π]-Taste, so kannst du A bzw. U durch die Eingaben [π][×][4][x²][=] bzw. [π][×][8][=] noch einfacher berechnen.

Tipp

Manchmal gibt man beim Rechnen mit dem Taschenrechner aus Versehen eine falsche Zahl oder ein falsches Rechenzeichen ein. In solch einem Fall musst du nicht immer die ganze Rechnung von vorne beginnen. Viele Taschenrechner besitzen eine Taste, mit der man das zuletzt eingetippte Zeichen löschen bzw. überschreiben kann. Probiere dies an deinem Taschenrechner einmal aus.

A Grundlagen

5 Gleichungen und Ungleichungen

Beim systematischen Lösen einer Gleichung oder Ungleichung werden Äquivalenzumformungen angewendet.
Drei Schritte führen dabei zur Lösung:
(1) Beide Seiten vereinfachen, (2) sortieren, (3) die Variable isolieren.

Nicht immer ist eine Gleichung eindeutig lösbar. Lässt sich eine Gleichung durch Äquivalenzumformungen auf die Form 0 = 0 bringen, so sind alle Zahlen der Grundmenge Lösung der ursprünglichen Gleichung. Man nennt die Gleichung auch **allgemein gültig**.
Ergibt sich dagegen durch Äquivalenzumformungen ein Widerspruch, wie z. B. 0 = 1, so hat die ursprüngliche Gleichung keine Lösung; man nennt sie dann **unlösbar**.

Beispiel 1   Löse in $\mathbb{Q}$: $(x + 4)(x - 5) = x^2 - 25$

$\phantom{Löse in \mathbb{Q}:}\ (x + 4) \cdot (x - 5) = x^2 - 25$ | Ausmultiplizieren, zusammenfassen
$\phantom{Löse in \mathbb{Q}:}\ \Leftrightarrow\ x^2 - x - 20 = x^2 - 25$ | $- x^2$, danach $+ 20$
$\phantom{Löse in \mathbb{Q}:}\ \Leftrightarrow\ -x = -5$ | $\cdot (-1)$
$\phantom{Löse in \mathbb{Q}:}\ \Leftrightarrow\ x = 5$

Probe: Setze in der Ausgangsgleichung für x die Zahl 5 ein:
Linksterm = $(5 + 4)(5 - 5) = 9 \cdot 0 = 0$; Rechtsterm = $5^2 - 25 = 0$
Weil $0 = 0$ wahr ist, löst 5 die Gleichung, also ist L = {5}.

Beispiel 2   Löse in $\mathbb{Z}$: $4x - (2 - 2x) < 7$

$\phantom{Löse in \mathbb{Z}:}\ 4x - (2 - 2x) < 7$ | Minusklammer auflösen, zusammenfassen
$\phantom{Löse in \mathbb{Z}:}\ \Leftrightarrow\ 6x - 2 < 7$ | $+ 2$, danach $: 6$
$\phantom{Löse in \mathbb{Z}:}\ \Leftrightarrow\ x < 1{,}5$

Stichprobe: Man ersetzt x durch 1: Linksterm = $4 \cdot 1 - (2 - 2 \cdot 1) = 4 - 0 = 4$
Weil $4 < 7$ wahr ist, löst 1 die Ungleichung.
Man ersetzt x durch 2: Linksterm = $4 \cdot 2 - (2 - 2 \cdot 2) = 8 + 2 = 10$
Weil $10 < 7$ falsch ist, löst 2 die Ungleichung nicht.

6 Bruchterme

Terme, bei denen im Nenner eine Variable vorkommt, heißen **Bruchterme**.

Die Terme $3 : x = \frac{3}{x}$ oder $(4 + y) : (3x - 2) = \frac{4+y}{3x-2}$ sind Beispiele dafür.

Die **Definitionsmenge D** besteht aus allen Zahlen der Grundmenge, für die der Nenner des Bruchterms nicht 0 wird.

Bruchterme kann man wie Brüche erweitern und kürzen.
Erweitern heißt: Zähler und Nenner werden mit dem gleichen Term multipliziert.
Kürzen heißt: Zähler und Nenner werden durch den gleichen Term dividiert.

Bruchterme werden ähnlich wie Brüche **addiert** oder **subtrahiert**.
Sind die Nennerterme gleich, so werden nur die Zählerterme addiert (subtrahiert) und der gemeinsame Nenner beibehalten.
Sind die Nennerterme verschieden, musst du die Bruchterme zuerst auf den gleichen Nenner bringen, bevor du sie addieren (subtrahieren) kannst.

Für die **Multiplikation** und **Division** von Bruchtermen gelten die gleichen Regeln wie für das Bruchrechnen.

Achtung: Beim Umformen von Bruchtermen oder beim Rechnen mit Bruchtermen kann sich die Definitionsmenge ändern. Der „alte" und der „neue" Term sind nur für die Einsetzungen gleichwertig, für die beide Terme zugleich definiert sind.

Erweitere den Bruchterm $\frac{x-1}{x^2}$ mit $(x + 1)$. Bestimme die Definitionsmenge des ursprünglichen und des neuen Bruchterms. *Beispiel 1*

Lösung
$\frac{(x-1) \cdot (x+1)}{x^2 \cdot (x+1)} = \frac{x^2-1}{x^3+x^2}$. Im ursprünglichen Bruchterm ist nur die Einsetzung $x = 0$ nicht erlaubt. Für den neuen Bruchterm aber gilt: $D = \mathbb{Q} \setminus \{-1; 0\}$.

Vereinfache: $\frac{x^2-1}{x^2+2x+1} \cdot \frac{x+1}{x-1}$ *Beispiel 2*

$\frac{x^2-1}{x^2+2x+1} \cdot \frac{x+1}{x-1} = \frac{(x+1) \cdot (x-1) \cdot (x+1)}{(x+1)^2 \cdot (x-1)} = 1$ (Erst binomische Formeln anwenden und dann kürzen.) Bedingung: $D = \mathbb{Q} \setminus \{-1; 1\}$

A Grundlagen

7 Einfache Bruchgleichungen

Ein Gleichung wie $\frac{2}{x-1} - \frac{1}{x} = \frac{1}{2}$ nennt man **Bruchgleichung**, denn die Variable x kommt hier im Nenner vor. Am besten gehst du so vor:
(1) Ermittle die Definitionsmenge D.
(2) Ermittle für alle vorkommenden Nenner einen gemeinsamen Nenner GN.
(3) Multipliziere beide Seiten der Gleichung mit GN und kürze möglichst weit.
(4) Löse die so entstandene (bruchfreie) Gleichung.
(5) Prüfe, welche der gefundenen Lösungen zur Definitionsmenge D der ursprünglichen Bruchgleichung gehören, und mache mit diesen die Probe.

Beispiel

$\frac{2}{x-1} - \frac{1}{2x} = \frac{1}{6x}$; $D = \mathbb{Q}\setminus\{0; 1\}$

GN: $(x-1) \cdot 6x$

$\frac{2}{x-1} - \frac{1}{2x} = \frac{1}{6x}$ $\qquad |\cdot (x-1) \cdot 6x$

$\frac{2}{x-1} \cdot (x-1) \cdot 6x - \frac{1}{2x} \cdot (x-1) \cdot 6x = \frac{1}{6x} \cdot (x-1) \cdot 6x$

$2 \cdot 6x - (x-1) \cdot 3 = (x-1)$ $\qquad |\text{ TU}$
$\qquad\quad 9x + 3 = x - 1$ $\qquad |-x-3$
$\qquad\qquad\;\; 8x = -4$ $\qquad |:8$
$\qquad\qquad\;\;\; x = -\frac{1}{2}$

Probe: $\frac{2}{-\frac{1}{2}-1} - \frac{1}{2 \cdot \left(-\frac{1}{2}\right)} \stackrel{?}{=} \frac{1}{6 \cdot \left(-\frac{1}{2}\right)}$

$\qquad\qquad \frac{2}{-\frac{3}{2}} - \frac{1}{-1} \stackrel{?}{=} \frac{1}{-\frac{6}{2}}$

$\qquad\qquad -\frac{4}{3} - (-1) \stackrel{?}{=} -\frac{1}{3}$

$\qquad\qquad\qquad -\frac{1}{3} = -\frac{1}{3}$ $\quad$ (wahr) $\Rightarrow L = \left\{-\frac{1}{2}\right\}$

Zuerst bestimmen wir die Definitionsmenge. Da 2x ein Teiler von 6x ist, verwenden wir als gemeinsamen Nenner das Produkt $(x-1) \cdot 6x$ und multiplizieren beide Seiten der Gleichung damit.
Nun kürzen wir so weit wie möglich. Die neu entstandene Gleichung lösen wir wie üblich.

Da die Zahl $-\frac{1}{2}$ in D enthalten ist, kommt $-\frac{1}{2}$ auch als Lösung der Bruchgleichung infrage. Wir machen deshalb die Probe.

8 Flächen- und Rauminhalte

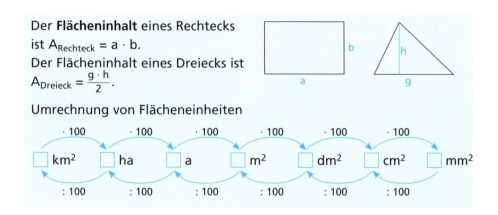

Der **Flächeninhalt** eines Rechtecks ist $A_{Rechteck} = a \cdot b$.
Der Flächeninhalt eines Dreiecks ist $A_{Dreieck} = \frac{g \cdot h}{2}$.

Umrechnung von Flächeneinheiten

a) $1\,km^2 = 1\,m^2 \cdot 100 \cdot 100 \cdot 100 = 1\,000\,000\,m^2$ b) $1\,m^2 = 0{,}000001\,km^2$ *Beispiel 1*

Beispiel 2

Der Fußboden einer Küche wird mit quadratischen Fliesen (s = 20 cm) ausgelegt. Die Küche ist 4,20 m lang und 3,60 m breit. Wie viele Fliesen müssen mindestens bestellt werden?
Gegenständliche Lösung: Man legt an die Längsseite der Küche eine Reihe Fliesen, es sind 21.
Man braucht 18 Reihen, bis der Boden ganz bedeckt ist. Der Mindestbedarf beträgt also 21 · 18 Fliesen = 378 Fliesen.
Rechnerische Lösung:
Fußbodenfläche : Flächeninhalt einer Fliese = Anzahl der Fliesen
Eingesetzt: (420 cm · 360 cm) : 400 cm² = 378
Antwort: Es werden 400 Fliesen (mindestens jedoch 378) bestellt.

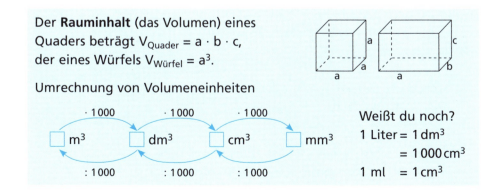

Der **Rauminhalt** (das Volumen) eines Quaders beträgt $V_{Quader} = a \cdot b \cdot c$, der eines Würfels $V_{Würfel} = a^3$.

Umrechnung von Volumeneinheiten

Weißt du noch?
1 Liter = 1 dm³
       = 1000 cm³
1 ml = 1 cm³

B Lineare Funktionen

1 Die Funktion x ↦ m · x + c

Jede Zuordnung, die sich mit einer Vorschrift der Form x ↦ m · x + c beschreiben lässt, heißt **lineare Funktion**. Die zugehörige **Funktionsgleichung** lautet f(x) = y = m · x + c. Der Graph einer linearen Funktion ist eine **Gerade**.

In der Funktionsgleichung gibt m die **Steigung** der Geraden an und c den **Abschnitt auf der y–Achse**, vom Ursprung aus gemessen. Mithilfe von m kannst du ganz einfach **Steigungsdreiecke** zeichnen. Steigungsdreiecke kannst du maßstäblich verkleinern oder vergrößern.

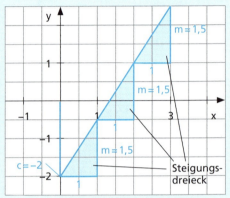

Beispiel Stelle die linearen Funktionen a) x ↦ 2x – 3, x ∈ ℚ und b) x ↦ –2x + 1, x ∈ ℚ im Koordinatensystem dar.

Lösung
a) y = 2x – 3 (m = 2; c = –3)
b) y = –2x + 1 (m = –2; c = 1)
Markiere den Schnittpunkt auf der y-Achse mit den Koordinaten (0|c). Gehe von diesem Punkt aus eine Einheit nach rechts und danach zwei Einheiten nach oben (in b) zwei Einheiten nach unten). Zeichne die Gerade durch den Schnittpunkt auf der y-Achse und den zweiten mithilfe des Steigungsdreiecks gewonnenen Punkt.

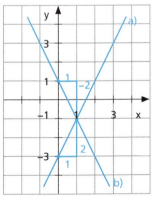

Aufgabe

1. Stelle die zu den linearen Funktionen gehörenden Geraden in einem Koordinatensystem dar.
   a) y = 3x – 6   b) y = –x + 2   c) y = $\frac{1}{2}$x – 2   d) y = –$\frac{1}{3}$x – 1

   Tipp zu c) Markiere zunächst den Punkt (0|–2). Gehe von dort zwei Einheiten nach rechts und eine nach oben.

2 Proportionale Funktionen

Jede Funktion, die sich mit einer Funktionsgleichung der Form
$f(x) = y = m \cdot x$ beschreiben lässt, heißt **proportionale Funktion**.
Bei Anwendungsaufgaben ist der Definitionsbereich von proportionalen Funktionen oft $\mathbb{Q}^+$.
Der Graph einer proportionalen Funktion ist eine Ursprungsgerade bzw. eine Halbgerade, die durch den Punkt $(1|m)$ geht.
Bei einer proportionalen Funktion sind alle Quotienten $\frac{y}{x}$ gleich und ergeben den **Proportionalitätsfaktor** m.

Beispiel

Untersuche die proportionale Funktion $x \mapsto 1{,}5x$.

Lösung

Zur Funktion mit der Gleichung
$y = 1{,}5x$ gehören z.B. die Zahlenpaare
$(0|0), (1|1{,}5), (2|3), (3|4{,}5)$ usw., aber auch
$(-1|-1{,}5), (-2|-3)$ usw. und auch .

Sie alle sind quotientengleich (bis auf $(0|0)$):

Alle Punkte liegen auf der Ursprungsgeraden mit der Steigung $m = 1{,}5$.

Aufgaben

2. Gib die Gleichung einer proportionalen Funktion f an, für die der Funktionswert an einer bestimmten Stelle bekannt ist.
   a) $f(1) = 3$ b) $f(2) = 5$ c) $f(-3) = 12$ d) $f\left(\frac{3}{2}\right) = 6$

   Tipp zu d): Das Zahlenpaar $\left(\frac{3}{2}\big|6\right)$ gehört zu f. Also ist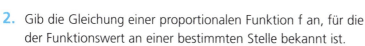

3. Zeichne die Graphen der Funktionen in ein Koordinatensystem.
   a) $y = 2x$ b) $y = \frac{1}{2}x$ c) $y = -2x$ d) $y = x$

   Tipp zu a): Zeichne eine Ursprungsgerade durch $(1|m) = (1|2)$.

4. Stelle die Zuordnung *Benzinmenge in Litern* ↦ *Preis in €* für das Tanken von 0 Litern bis 50 Litern in einem Koordinatensystem dar.
   Ein Liter Benzin soll 1,60 € kosten.

3 Geradengleichungen

Die Gleichung **ax + by + c = 0** mit x, y ∈ ℚ, b ≠ 0 und a, c beliebig kannst du in eine Gleichung der Form y = mx + c umformen. Sie beschreibt also eine lineare Funktion und ist somit eine **Geradengleichung**.
Für a = 0 geht ax + by + c = 0 in by = −c über, somit in eine Gleichung der Form y = t. Die zugehörige Gerade ist eine Parallele zur x-Achse durch den Punkt (0|t), ein Graph der **konstanten Funktion** x ↦ t, x ∈ ℚ.

Die **Steigung m** kannst du durch den Quotienten $\frac{y - y_1}{x - x_1}$ ersetzen, wenn ein Punkt $(x_1|y_1)$ der Geraden gegeben ist. Sind zwei Punkte einer Geraden mit den Koordinaten $(x_1|y_1)$ und $(x_2|y_2)$ bekannt, dann gilt m = $\frac{y_2 - y_1}{x_2 - x_1}$.

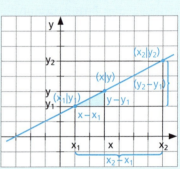

Beispiel Zeichne die Graphen der linearen Funktionen zu a) y = 2x + 2 und b) y = −2x − 2 in ein Koordinatensystem. Berechne dazu die Koordinaten eines Punktes und nutze den Wert für m.

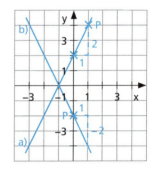

Lösung
a) Setze für x einen beliebigen Wert ein, z.B. 1. Du erhältst P(1|4). Zeichne durch P eine Gerade mit m = 2.
b) Für x = 0 erhältst du P(0|−2). Zeichne durch P eine Gerade mit m = −2.

Aufgaben **5.** P_1 und P_2 liegen auf einer Geraden, deren Gleichung gegeben ist. Bestimme die fehlenden Koordinaten.
   a) y = x + 3
      $P_1(2|\ \ )$; $P_2(-2|\ \ )$
   b) y = 4x − 4
      $P_1(3|\ \ )$; $P_2(-3|\ \ )$

6. Zeichne die Geraden in ein Koordinatensystem.
   a) 3x − 6y + 12 = 0   b) 2x + y − 3 = 0   c) y + 4 = 0

Aus $m = \frac{y - y_1}{x - x_1}$ erhältst du die **Punkt-Steigungs-Form** einer

Geradengleichung: $\qquad y - y_1 = m(x - x_1)$.

Aus $m = \frac{y_2 - y_1}{x_2 - x_1}$ und $m = \frac{y - y_1}{x - x_1}$ erhältst du die **Zwei-Punkte-Form** einer

Geradengleichung: $\qquad y - y_1 = \frac{y_2 - y_1}{x_2 - x_1}(x - x_1)$

Aufgaben

7. Zeichne die Graphen in ein Koordinatensystem.
   a) $x \mapsto \frac{2}{3}x + 3; x \in \mathbb{Z}$
   b) $x \mapsto \frac{3}{5}x - 2; x \in \mathbb{Q}$
   c) $x \mapsto 0{,}6x + 2; x \in \mathbb{Q}$
   d) $x \mapsto 0{,}6x - 1; x \in \mathbb{Q}$

8. Zeichne die Graphen der Funktionen in ein Koordinatensystem und gib die zugehörigen Funktionsgleichungen an.
   a) $x \mapsto 4$
   b) $x \mapsto (-3)$
   c) $x \mapsto 0$

9. Zwei Geraden haben den Punkt P(0|3) gemeinsam. Gib die Gleichungen von zwei linearen Funktionen an, deren Graphen durch P gehen.

10. Eine lineare Funktion hat als Graph eine Gerade mit der Steigung $m = -1{,}9$. Sie schneidet den Graphen von $x \mapsto 1{,}5x + 3$ auf der y–Achse. Wie heißt die Gleichung der Geraden?

11. Wie heißt die Gleichung einer Geraden, die durch die Punkte P_1 und P_2 geht?
   a) $P_1(-2|-2); P_2(2|4)$
   b) $P_1(-2|2); P_2(4|-1)$

12. Der Graph einer linearen Funktion geht durch den Punkt (0|1) und ist zum Graphen von $y = 2x - 3$ parallel. Wie heißt die Funktionsgleichung?

▲**13.** Es sind vier Geradengleichungen gegeben. Finde heraus, welche der Geraden zueinander parallel sind, ohne dass du sie zeichnest.
   g_1: $2x + y + 1 = 0$ $\qquad$ g_2: $3x - 1{,}5y + 4{,}5 = 0$
   g_3: $-4x - 2y - 8 = 0$ $\qquad$ g_4: $-6x + 3y - 3 = 0$
   Tipp: Du musst die Steigungen der Geraden bestimmen. Forme also die Gleichungen zielgerichtet um.

C Lineare Gleichungssysteme mit zwei Variablen

1 Lineare Gleichungssysteme zeichnerisch lösen

Werden zwei lineare Gleichungen mit zwei Variablen (durch „∧": und zugleich, verknüpft) gleichzeitig betrachtet, so liegt ein **lineares Gleichungssystem (LGS) mit zwei Variablen** vor.
Ein Zahlenpaar (x|y) heißt Lösung des LGS, wenn es jede einzelne Gleichung erfüllt.
Um ein LGS zeichnerisch zu lösen, zeichnet man die zu den Gleichungen gehörenden Geraden in dasselbe Koordinatensystem. Schneiden sich die Geraden im Punkt P(x|y), so ist das Paar (x|y) die einzige Lösung.

Beispiel 1   Löse zeichnerisch das LGS   (1) $x - y = 1$ ∧   (2) $2x + 3y = 12$

Lösung
Löse die Gleichungen (1) und (2) zunächst nach y auf und zeichne dann die zugehörigen Geraden g_1 und g_2 in dasselbe Koordinatensystem.

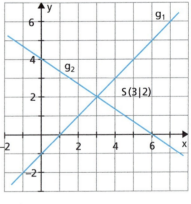

Die Geraden schneiden sich im Punkt S(3|2). Also ist das Zahlenpaar (3|2) die einzige Lösung des gegebenen LGS.
Um Ungenauigkeiten beim Zeichnen oder Ablesen auszuschließen, führe eine rechnerische Probe durch:
(1) $3 - 2 = 1$ wahr
(2) $2 \cdot 3 + 3 \cdot 2 = 12$ wahr
Antwort: Das gegebene LGS hat die Lösungsmenge: L = {(3|2)}.

Aufgabe   **1.** Löse das LGS zeichnerisch und führe eine Probe durch.

a) $y = x + 2$
     $2x - y = -1$

b) $x = 2y$
     $2x - y = 6$

c) $x - y + 1 = 0$
     $-2x - y - 6 = 0$

d) $x + 2y - 1 = 0$
     $x - y + 2 = 0$

e) $y = \frac{1}{2}x - 2$
     $3x - y - 2 = 0$

f) $\frac{4}{5}x - y = \frac{1}{2}$
     $x + 2y = 5\frac{1}{2}$

1 Lineare Gleichungssysteme zeichnerisch lösen

Sonderfälle bei der zeichnerischen Lösung: Sind die Geraden für die Gleichung (1) und (2) identisch, dann gibt es unendlich viele Lösungen. Sind sie parallel zueinander, dann gibt es keine Lösung.

Löse zeichnerisch: *Beispiel 2*

a) (1) $y = \frac{1}{2}x + 2$ b) (1) $y = -\frac{1}{2}x + 2$
   (2) $2y - x - 4 = 0$ (2) $x + 2y + 2 = 0$

Lösung
Forme die Gleichungen um in die Form $y = mx + b$ und zeichne sie jeweils in ein Koordinatensystem.

a) (1) $y = \frac{1}{2}x + 2$ b) (1) $y = -\frac{1}{2}x + 2$
   (2) $y = \frac{1}{2}x + 2$ (2) $y = -\frac{1}{2}x - 1$

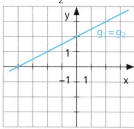   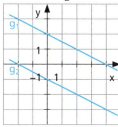

Die Geraden zu (1) und (2) sind identisch. Das gegebene LGS hat unendlich viele Lösungen:
$L = \{(x|y) | y = \frac{1}{2}x + 2\}$.

Das gegebene LGS hat keine Lösung: $L = \{\}$.

2. Keine Lösung, genau eine Lösung oder unendlich viele Lösungen? *Aufgaben*
   Entscheide zeichnerisch und gib die Lösungsmenge an.

   a) $x - y = 2$ b) $2x - 5y = 10$ c) $4y + 5x = -12$
      $y - x = 1$ $x + 5y = -2{,}5$ $\frac{5}{4}x + y + 3 = 0$

3. Im Koordinatensystem rechts sind die Geraden g_1, g_2 und g_3 dargestellt
   a) Gib die zugehörigen Geradengleichungen an.
   b) g_1 und g_2 gehören zum LGS I, g_1 und g_3 gehören zum LGS II. Gib die Lösungsmengen an.

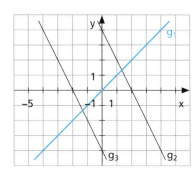

C Lineare Gleichungssysteme mit zwei Variablen

2 Lineare Gleichungssysteme rechnerisch lösen

Das Gleichsetzungsverfahren
1. Löse beide Gleichungen nach derselben Variablen auf.
2. Setze die beiden rechten Seiten gleich.
3. Löse die durch das Gleichsetzen entstandene Gleichung.
4. Setze die Lösung von Schritt 3 in Gleichung (1) oder (2) ein und bestimme den Wert der anderen Variablen.
5. Führe die Proben durch und gib die Lösungsmenge an.

Beispiel Löse mit dem Gleichsetzungsverfahren:

(1) $2x + 3y = 8{,}5$
(2) $x + 2y = 5$

Schritt 1: Löse beide Gleichungen nach der Variablen x auf:
(1') $x = 4{,}25 - 1{,}5y$
(2') $x = 5 - 2y$

Schritt 2: Setze die rechten Seiten gleich:
(3) $4{,}25 - 1{,}5y = 5 - 2y$

Schritt 3: Löse nun die Gleichung (3):
$0{,}5y = 0{,}75$
$y = \mathbf{1{,}5}$

Schritt 4: Setze in (2) für y die Zahl 1,5 ein:
$x + 2 \cdot \mathbf{1{,}5} = 5$
$x = \mathbf{2}$

Die Probe gelingt mit beiden Gleichungen.
Also lautet die Lösungsmenge: $L = \{\,(2\,|\,1{,}5)\,\}$.

Aufgaben **4.** Löse das LGS mit dem Gleichsetzungsverfahren.

a) $y = 9x - 13$
   $y = 5x - 5$

b) $x = 3y - 5$
   $x = 2y - 3$

c) $x + 2y = 3$
   $x + 4y = 5$

d) $3y - x = 1$
   $0{,}5x = 2 + y$

e) $x + 4y = 3$
   $2x + 6y = 4$

f) $6x - 2y = 6$
   $3x + 3y = -5$

g) $2x - 3y = 9$
   $x + 4y = -12$

h) $x + 2y = 7$
   $4x = 5 - 8y$

i) $5y = 3 + x$
   $4x + 10y = -2$

Tipp Überlege zuerst, was leichter ist: Beide Gleichungen nach x auflösen oder beide nach y auflösen.

2 Lineare Gleichungssysteme rechnerisch lösen

Das Einsetzungsverfahren
1. Löse eine der beiden Gleichungen nach einer der Variablen auf.
2. Ersetze in der anderen Gleichung diese Variable durch den in Schritt 1 erhaltenen Term.
3. Löse die in Schritt 2 entstandene Gleichung.
4. Setze die Lösung von Schritt 3 in die Gleichung von Schritt 1 ein und bestimme so den Wert der anderen Variablen.
5. Führe die Proben durch und gib die Lösungsmenge an.

Beispiel

Löse mit dem Einsetzungsverfahren:
(1) $2x + 3y = 8{,}5$
(2) $x + 2y = 5$

Schritt 1: Löse Gleichung (2) nach x auf:
(2') $x = 5 - 2y$

Schritt 2: Ersetze in Gleichung (1) x durch den Term $5 - 2y$:
(1') $2(5 - 2y) + 3y = 8{,}5$

Schritt 3: Löse Gleichung (1'):
$10 - 4y + 3y = 8{,}5$
$10 - y = 8{,}5$
$y = 1{,}5$

Schritt 4: Setze in (2') für y die Zahl 1,5 ein:
$x = 5 - 2 \cdot 1{,}5$
$x = 2$

Die Probe gelingt mit beiden Gleichungen.
Also lautet die Lösungsmenge: $L = \{(2 \mid 1{,}5)\}$.

Aufgaben

5. Wende das Einsetzungsverfahren an. Überlege zuerst, welche Gleichung sich einfacher nach einer Variablen auflösen lässt.

   a) $2x + 5y = 9$
      $2x = 4y$

   b) $4x + 3y = 5$
      $3x + \frac{1}{2}y = 2$

   c) $\frac{1}{3}x - \frac{2}{3}y = -2$
      $\frac{4}{5}x - \frac{3}{10}y = 3$

6. Vereinfache zuerst. Löse dann mit dem Einsetzungsverfahren.
   a) $(x - 5)(y - 3) = (x - 4)(y - 4)$
      $2(x + y) = 7 + x$
   b) $(x + 3)^2 = x^2 - y$
      $(y - 2)^2 = y^2 + 4x$

C Lineare Gleichungssysteme mit zwei Variablen

Das Additionsverfahren
1. Multipliziere eine oder beide Gleichungen so mit geeigneten Zahlen, dass ein Zahlenfaktor der ersten und der entsprechende Zahlenfaktor der zweiten Gleichung Gegenzahlen sind.
2. Ersetze eine der zwei Gleichungen durch die Summe beider Gleichungen.
3. Löse die in Schritt 2 entstandene neue Gleichung.
4. Bestimme mithilfe dieser Lösung die zweite Variable.
5. Führe die Proben durch und gib die Lösungsmenge an.

Beispiel 1 Löse das LGS mit dem Additionsverfahren: (1) $2x + 3y = 8{,}5$
(2) $x + 2y = 5$

Schritt 1: Multipliziere Gleichung (2) mit (1) $2x + 3y = 8{,}5$
der Zahl −2. Du erhältst (2'). (2') $-2x - 4y = -10$

Schritt 2: Ersetze nun Gleichung (1) (1') $-y = -1{,}5$
durch die Summe (1) + (2'): (2') $-2x - 4y = -10$

Schritt 3: Löse jetzt Gleichung (1'): $y = 1{,}5$

Schritt 4: Setze in (2) für y die Zahl 1,5 ein: $x + 2 \cdot 1{,}5 = 5$
$x = 2$

Die Probe gelingt mit beiden Gleichungen.
Also lautet die Lösungsmenge: $L = \{(2 \mid 1{,}5)\}$.

Aufgaben

7. Löse das LGS mit dem Additionsverfahren. Beginne gleich mit Schritt 2.
   a) $2x - 3y = 10$
      $-2x - 3y = -4$
   b) $2x - y = -1$
      $3x + y = -4$
   c) $2x - 3y = -2$
      $3x + 3y = 7$

8. Löse das LGS mit dem Additionsverfahren. Multipliziere erst beide Seiten einer Gleichung mit einer geeigneten Zahl.
   a) $x + 2y = 2$
      $3x + y = -4$
   b) $2a - 4b = 28$
      $a - 3b = -4$
   c) $2p + 3q = 2$
      $3p + q = -4$

2 Lineare Gleichungssysteme rechnerisch lösen

Beispiel 2

Löse die Gleichungssysteme mit dem Additonsverfahren.
a) (1) $3x + 4y = 1$
   (2) $1{,}5x + 2y = 3$

b) (1) $3x + 4y = 2$
   (2) $1{,}5x + 2y = 1$

Lösung
Multipliziere die Gleichung (2) mit der Zahl −2.

(1) $3x + 4y = 1$
(2') $-3x - 4y = -6$

(1) $3x + 4y = 2$
(2') $-3x - 4y = -2$

Ersetze Gleichung (2') durch die Summe (1) + (2').

(1) $3x + 4y = 1$
(3) $0 = -5$
Gleichung (3) ist unlösbar, also besitzt das LGS **keine** Lösung.

$L = \{\}$

(1) $3x + 4y = 2$
(3) $0 = 0$
Gleichung (3) ist allgemein gültig. Das LGS besitzt **unendlich viele** Lösungen. Löse (1) nach y auf:
$y = -\frac{3}{4}x + \frac{1}{2}$.
$L = \left\{(x|y) \mid y = -\frac{3}{4}x + \frac{1}{2}\right\}$

Aufgaben

9. Entscheide rechnerisch, wie viele Lösungen es gibt.
  a) $-2x + 5y = 3$
     $4x - 10y = 2$
  b) $2x - 3y = 6$
     $x - \frac{3}{2}y = 3$
  c) $4x + y = 2$
     $2x + 2y = -2$

10. Multipliziere zuerst beide Seiten jeder Gleichung mit der angegebenen Zahl. Fahre dann mit Schritt 2 fort.
  a) $2x + 4y = 3 \quad |\cdot 3$
     $3x + 5y = 5 \quad |\cdot (-2)$
  b) $-3x + 4y = 2 \quad |\cdot 5$
     $16x - 5y = 1 \quad |\cdot 4$

11. Multipliziere zuerst beide Seiten jeder Gleichung mit einer Zahl, sodass die Gleichungen keine Bruchzahlen mehr enthalten.
  a) $\frac{1}{2}x - 2y = -5$
     $2x + \frac{1}{3}y = 5$
  b) $\frac{2}{3}x - y = 4$
     $2x + \frac{1}{5}y = -4$
  c) $0{,}8x - y = 0$
     $x + 0{,}75y = 0$

▲**12.** Vereinfache die einzelnen Gleichungen zunächst.
  a) $0{,}6x - 2y = 0{,}4 + 2y$
     $0{,}4x - 4y = 0{,}1 - y$
  b) $3{,}4a - 5{,}8b = 1$
     $a - 0{,}4b = 0{,}8(1 + a)$

C Lineare Gleichungssysteme mit zwei Variablen

3 Anwendungen

Beispiel Der Umfang einer rechteckigen Wiese beträgt 80 Meter.
Die Wiese ist 10 Meter länger als breit. Wie lang und wie breit ist sie?

Lösung

Schritt 1:	Lege für die gesuchten Größen Variablen fest.	Die Wiese sei a Meter lang und b Meter breit.
Schritt 2:	Drücke die Zusammenhänge durch Gleichungen aus.	(1) 2a + 2b = 80 (in m) (2) a = b + 10 (in m)
Schritt 3:	Löse das entstandene LGS.	Lösung: a = 25 m; b = 15 m
Schritt 4:	Formuliere eine Antwort.	Die Wiese ist 25 m lang und 15 m breit.

Aufgaben

13. Ein Draht von 102 cm Länge umspannt ein Rechteck, dessen eine Seite doppelt so lang ist wie die andere.

14. Ein Draht von 77 cm Länge wird so gebogen, dass ein gleichschenkliges Dreieck entsteht. In ihm verhält sich die Länge eines Schenkels zur Länge der Grundseite wie 4 : 3.

▲**15.** Verlängert man in einem Quadrat ein Paar Gegenseiten um 3 cm und verkürzt die Nachbarseiten um 2 cm, so erhält man ein Rechteck, das den gleichen Flächeninhalt wie das Quadrat besitzt.

16. Tom und sein Bruder Marc sind zusammen 24 Jahre alt. In drei Jahren ist Tom anderthalbmal so alt wie Marc. Wie alt sind beide?

17. Die Summe zweier Zahlen ist 28, ihre Differenz beträgt 6.

18. Toni kauft 2 kg Bananen und 3 kg Birnen für insgesamt 5,70 €. Von den gleichen Sorten kauft Felix noch 3 kg Bananen und 4 kg Birnen für insgesamt 8 €. Wie viel kostet 1 kg von jeder Sorte?

▲**19.** Ein Apotheker hat 20%ige und 40%ige Salzlösung zur Verfügung. Wie muss er mischen, um 1 kg 25%ige Salzlösung zu erhalten?

Tipp: In x kg 20%ige Salzlösung sind x · 0,2 kg reines Salz.

Probe-Klassenarbeit

1. Löse das LGS zeichnerisch, führe eine Probe durch und gib die Lösungsmenge an.

   (1)   x − y + 4 = 0
   (2)   y = −x

   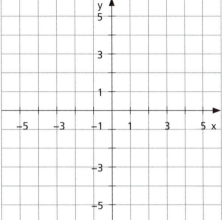

   Probe durch Einsetzen:

   (1) _____

   (2) _____

   Antwort: L = _____

2. Löse das LGS mit einem selbst gewählten Verfahren.
   a) x + 2y = 2
       5x − 2y = 4
   b) 0,3x + 0,2y = 1,5
       0,6x − 2y = 1,2
   c) $\frac{1}{2}$x + 2y = 1
       6x − $\frac{1}{2}$y = −2

3. Gibt es eine, keine oder unendlich viele Lösungen?
   a) 20x + 48y = 15
       25x + 60y = 20
   b) 8x − 12y = 20
       6x − 9y = 15
   c) x = 4 + y
       y = x − 3

4. Die Summe zweier Zahlen beträgt 99. Ihre Differenz beträgt 57. Wie heißen die beiden Zahlen?

5. In einem Reisekatalog findet man für eine bestimmte Reise verschiedene Preisbeispiele für den „Super-Spar-Tarif". Wie viel kostet die Reise pro Kind, wie viel für einen Erwachsenen?

   Super-Spar-Tarif
   2 Erwachsene und 2 Kinder   1640 €
   3 Erwachsene und 4 Kinder   2700 €

6. Der Umfang eines gleichschenkligen Dreiecks beträgt 28 cm. Die Basis ist 5 cm kürzer als jeder Schenkel. Welche Seitenlängen hat das Dreieck?

D Quadratwurzeln – Reelle Zahlen

1 Quadratwurzeln

Bei einem Quadrat gilt: $A = s^2$. Wenn du den Flächeninhalt A eines Quadrats kennst und die Seitenlänge s bestimmen willst, musst du die aus A ziehen. Es ist $s = \sqrt{A} = \sqrt{s^2}$.

Allgemein gilt: Diejenige nicht negative Zahl, die mit sich selbst multipliziert a ergibt, heißt Quadratwurzel aus a (kurz: „Wurzel aus a"). Man schreibt hierfür $\sqrt{a}$.
Es ist $\sqrt{a} \cdot \sqrt{a} = a$.
Die nicht negative Zahl unter dem Wurzelzeichen heißt **Radikand**.

Manche Quadratwurzeln kannst du exakt angeben, da sie rationale Zahlen sind, z. B. $\sqrt{4} = 2$, $\sqrt{\frac{1}{9}} = \frac{1}{3}$ oder $\sqrt{0} = 0$.

$\sqrt{2}$, $\sqrt{1{,}1}$, $\sqrt{2{,}3}$, $\sqrt{3}$, $\sqrt{5}$ usw. kannst du dagegen nur **näherungsweise** bestimmen. Es sind Beispiele für **irrationale Zahlen**. Selbst wenn du diese z. B. mit einem Computerprogramm auf 100 oder gar 1 000 Stellen nach dem Komma bestimmen würdest, der jeweils entstehende Dezimalbruch bricht nie ab und wird niemals periodisch.

Beispiel 1
a) $\sqrt{25} = 5$, denn $5 \cdot 5 = 25$ und 5 ist nicht negativ.
b) $\sqrt{2{,}25} = 1{,}5$, denn $1{,}5 \cdot 1{,}5 = 2{,}25$ und 1,5 ist nicht negativ.
c) $\sqrt{4} \neq -2$, obwohl $(-2) \cdot (-2) = 4$ ist, denn Quadratwurzeln sollen nicht negative Zahlen sein.
d) $\sqrt{-4}$ ist nicht definiert, denn der Radikand darf nicht negativ sein.

Beispiel 2 $\sqrt{2} \approx 2{,}414$ (Merkwert!). Gib beim Taschenrechner $\boxed{\sqrt{x}}\boxed{2}\boxed{=}$ ein und du erhältst als Näherungswert 1,414213562.

Aufgaben
1. Bestimme Quadratwurzeln ohne Hilfe des Taschenrechners.
   a) $\sqrt{9}$ b) $\sqrt{4}$ c) $\sqrt{100}$ d) $\sqrt{144}$
   e) $\sqrt{49}$ f) $\sqrt{1}$ g) $\sqrt{81}$ h) $\sqrt{169}$

2. a) $\sqrt{\frac{4}{9}}$ b) $\sqrt{\frac{16}{25}}$ c) $\sqrt{\frac{1}{36}}$ d) $\sqrt{\frac{121}{225}}$

3. Gib ohne TR an, zwischen welchen beiden natürlichen Zahlen die Quadratwurzel liegt. Bestimme anschließend mit Hilfe des TR einen auf fünf Dezimalen gerundeten Näherungswert für die Quadratwurzel.

    a) $\sqrt{10}$ **b)** $\sqrt{20}$ **c)** $\sqrt{70}$ **d)** $\sqrt{180}$

4. a) Berechne. Du darfst auch einen TR benutzen.

$\sqrt{400} =$ $\sqrt{4} =$ $\sqrt{0{,}04} =$ $\sqrt{0{,}0004} =$

$\sqrt{0{,}0144} =$ $\sqrt{1{,}44} =$ $\sqrt{144} =$ $\sqrt{14400} =$

  b) Ergänze: Verschiebt man das Komma beim Radikanden um zwei, vier, sechs, ... Stellen nach rechts bzw. links,

so _____

5. Berechne ohne TR. Nutze die Erkenntnisse aus Aufgabe 4.

  a) $\sqrt{9} =$ $\sqrt{900} =$ $\sqrt{0{,}09} =$ $\sqrt{0{,}0009} =$

  b) $\sqrt{196} =$ $\sqrt{1{,}96} =$ $\sqrt{19600} =$ $\sqrt{0{,}0196} =$

6. Ein 18 m langes und 32 m breites rechteckiges Grundstück soll gegen ein quadratisches Grundstück mit gleichem Flächeninhalt getauscht werden.

7. Berechne im Kopf.

    a) $\sqrt{0}$ **b)** $\sqrt{10^6}$ **c)** $\sqrt{\sqrt{16}}$ **d)** $\sqrt{4} \cdot \sqrt{81}$

8. Zwei Quadrate mit je 1 cm Seitenlänge werden entlang einer Diagonale halbiert. Die vier entstehenden Dreiecke werden dann zu einem neuen Quadrat zusammengesetzt. Begründe, dass das neue Quadrat eine Seitenlänge von $\sqrt{2}$ cm besitzt.

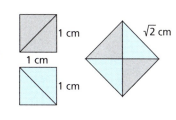

▲ **9.** Die Zeichnung zeigt ein Quadrat mit der Seitenlänge 2 cm. Welche Zahl wird durch die gezeigte Vorgehensweise auf der Zahlengeraden markiert? Begründe.

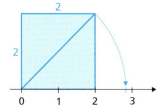

2 Reelle Zahlen

Ob die Lösung der Gleichung $x^2 = a$ rational oder irrational ist, hängt vom Zahlenwert a ab. Ist a die Quadratzahl einer rationalen Zahl (einer ganzen Zahl oder eines Bruchs), dann ist die Lösung rational, sonst irrational.

Die Gleichung $x^2 = 4$ hat zwei verschiedene **rationale** Lösungen, nämlich 2 und (–2), denn $2 \cdot 2 = 4$ und $(-2) \cdot (-2) = 4$.
Entsprechend besitzt die Gleichung $x^2 = 2$ zwei verschiedene **irrationale** Lösungen, nämlich $\sqrt{2}$ und $(-\sqrt{2})$, denn nach Definition ist $\sqrt{2} \cdot \sqrt{2} = 2$ und wegen $(-\sqrt{2}) = (-1) \cdot \sqrt{2}$ ist $(-\sqrt{2}) \cdot (-\sqrt{2}) = (-1) \cdot \sqrt{2} \cdot (-1) \cdot \sqrt{2}$ auch 2.

Allgemein gilt: **Die Gleichung $x^2 = a$ hat die beiden Lösungen $-\sqrt{a}$ und $\sqrt{a}$, falls a > 0 ist.** $x^2 = 0$ hat nur eine Lösung, nämlich $x = 0$.

Die Menge $\mathbb{Q}$ der rationalen Zahlen und die Menge $\mathbb{I}$ der irrationalen Zahlen bilden zusammen die **Menge $\mathbb{R}$ der reellen Zahlen**.
Die Teilmengenbeziehungen zwischen den Zahlenmengen $\mathbb{N}$, $\mathbb{Z}$, $\mathbb{Q}$ und $\mathbb{R}$ kannst du in einem Mengenbild darstellen.

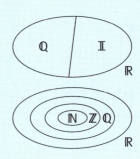

Beispiel 1
a) $\sqrt{5}$, $\sqrt{6}$, $\sqrt{7}$ und $\sqrt{8}$ sind irrationale Zahlen, die man nicht als gewöhnliche Brüche schreiben kann. Es sind vielmehr nicht abbrechende Dezimalbrüche ohne Periode. Notieren kannst du jedoch nur Näherungswerte.
b) $\sqrt{4}$ und $\sqrt{9}$ dagegen sind rationale Zahlen, denn $\sqrt{4} = 2$ und $\sqrt{9} = 3$.
c) $-\sqrt{2}$ und $-\sqrt{3}$ sind irrationale Zahlen, genau so wie $\sqrt{2}$ und $\sqrt{3}$.

Aufgaben

10. Zeichne das zweite Mengenbild von oben vergrößert ab.
Trage folgende Zahlen richtig ein: (-3); $\frac{1}{2}$; $\sqrt{3}$; $\sqrt{9}$; 9; $-\sqrt{1,1}$; $2,2^2$.

11. a) Ordne zu: $\sqrt{7}$; $\sqrt{25}$; $-\sqrt{36}$; $2,3478$; $-3,1010010001\ldots$; $4,578\overline{32}$

rationale Zahlen:

irrationale Zahlen:

b) Ordne die Zahlen nun der Größe nach.

2 Reelle Zahlen

Den Zahlenwert einer Quadratwurzel kannst du näherungsweise mithilfe einer **Intervallschachtelung** bestimmen.

Wähle das erste Intervall so, dass seine Grenzen zwei aufeinander folgende natürliche Zahlen sind, zwischen denen die Quadratwurzel liegt. Wähle als zweites ein Intervall, das im vorhergehenden enthalten ist, dessen Grenzen du jedoch schon auf eine Dezimalstelle nach dem Komma genau angeben kannst. Fahre so fort.
Die Längen der Intervalle werden immer kleiner. Eine Intervallschachtelung hat einen **inneren Punkt**.

Bestimme $\sqrt{6}$ durch eine Intervallschachtelung auf vier Nachkommastellen genau. *Beispiel 2*

Lösung

linke Intervallgrenze	rechte Intervallgrenze	Begründung
2	3	$2 < \sqrt{6} < 3$, denn $2^2 < 6 < 3^2$
2,4	2,5	$2,4 < \sqrt{6} < 2,5$, denn $2,4^2 < 6 < 2,5^2$
2,44	2,45	$2,44 < \sqrt{6} < 2,45$, denn $2,44^2 < 6 < 2,45^2$
2,449	2,450	$2,449 < \sqrt{6} < 2,450$, denn $2,449^2 < 6 < 2,450^2$
2,4494	2,4495	$2,4494 < \sqrt{6} < 2,4495$, denn $2,4494^2 < 6 < 2,4495^2$
2,44948	2,44949	$2,44948 < \sqrt{6} < 2,44949$, denn $2,44948^2 < 6 < 2,44949^2$

Mit diesen Ergebnissen können wir sicher sein, dass $\sqrt{6}$ mit der Ziffernfolge 2,44948… beginnt, und wir können runden: $\sqrt{6} \approx 2,4495$.

12. Gib nach dem oben gezeigten Beispiel eine Intervallschachtelung für $\sqrt{12}$ an. Führe sie so weit aus, bis du auf drei Dezimalen runden kannst. *Aufgaben*

linke Intervallgrenze	rechte Intervallgrenze	Begründung
3	4	$3 < \sqrt{12} < 4$, denn

D Quadratwurzeln – Reelle Zahlen

3 Wurzelziehen und Quadrieren

Ist eine reelle Zahl a nicht negativ, so wird das Quadrieren der Zahl durch das Wurzelziehen rückgängig gemacht. In diesem Fall ist das Wurzelziehen die Umkehrung des Quadrierens.

Beispiel 1
a) $4^2 = 16$ und $\sqrt{16} = 4$
b) $\left(\frac{3}{2}\right)^2 = \frac{9}{4}$ und $\sqrt{\frac{9}{4}} = \frac{3}{2}$
c) $(1{,}1)^2 = 1{,}21$ und $\sqrt{1{,}21} = 1{,}1$
d) $\sqrt{-4}$ ist keine reelle Zahl
e) $(\sqrt{1{,}1})^2 = 1{,}1$ und Wurzel aus $1{,}1 = \sqrt{1{,}1}$

Beispiel 2 Zeige: Ist eine reelle Zahl a negativ, dann ist das Wurzelziehen nicht die Umkehrung des Quadrierens.

Lösung
Wähle z. B. $a = -4$. Dann ist $(-4)^2 = 16$ und $\sqrt{16} = 4$. Ausgangszahl und Endzahl sind verschieden.

Aufgaben

13. Zeige an den Ausgangszahlen 2; $0{,}2$; 2^2; $\sqrt{2}$ und $\sqrt{0{,}4}$, dass das Wurzelziehen die Umkehroperation des Quadrierens ist.

14. Berechne im Kopf.
a) $\sqrt{10^2}$ b) $\sqrt{0{,}1^2}$ c) $(\sqrt{10})^2$ d) $(\sqrt{10^2})^2$
e) $\sqrt{1^4}$ ▲f) $(\sqrt{-1})^4$ ▲g) $\sqrt{(-2{,}5)^2}$ h) $\sqrt{-1^4}$

15. Setze eines der Zeichen $=$ oder $\neq$ passend ein. Es sei $x \neq 0$.
a) $(-4)^2$ ☐ 4^2 b) -3^2 ☐ 3^2 c) $(-2)^8$ ☐ 2^8
d) $(-x)^2$ ☐ x^2 e) $-x^2$ ☐ x^2 f) $(-x)^6$ ☐ x^6

16. Bestimme die Lösungsmenge ohne TR.
a) $x^2 = 81$ b) $x^2 = 12^2$ c) $x^2 = -100$ d) $x^2 - 5 = 20$
e) $x^2 = (-4)^2$ f) $x^2 = -7^2$ g) $2x^2 - 34 = 0$ h) $27 - 3x^2 = 0$

*Tipp: Bei der Lösung dieser einfachen quadratischen Gleichungen solltest du **nicht** „auf beiden Seiten die Wurzel ziehen", sondern den Satz anwenden: „Die Gleichung $x^2 = a$ hat die beiden Lösungen $-\sqrt{a}$ und $\sqrt{a}$, falls $a > 0$ ist".*

4 Umformen von Wurzeltermen

Alle Gesetze, die du für das Rechnen mit rationalen Zahlen kennengelernt hast, gelten auch für reelle Zahlen. Wende für das Rechnen mit Wurzeln und Wurzeltermen spezielle Wurzelgesetze an:

(W1) $\sqrt{a} \cdot \sqrt{b} = \sqrt{a \cdot b}$ (W2) $\sqrt{a} : \sqrt{b} = \frac{\sqrt{a}}{\sqrt{b}} = \sqrt{\frac{a}{b}}$ (W3) $\sqrt{a^2} = a$, wenn $a > 0$

Beachte bei allen Umformungen:
- Radikanden dürfen nie negativ sein.
- Durch Null darf man nicht dividieren.
- Ein Wurzelterm der Form $\sqrt{ax + b}$ mit a und b beliebig ist nur für solche Zahlen x definiert, für die gilt: $ax + b \geq 0$.

Beispiel 1

a) $\sqrt{3} \cdot \sqrt{12} = \sqrt{3 \cdot 12} = \sqrt{36} = 6$
b) $\sqrt{75} : \sqrt{3} = \sqrt{\frac{75}{3}} = \sqrt{25} = 5$
c) $\frac{\sqrt{3} \cdot \sqrt{24}}{\sqrt{8}} = \sqrt{\frac{3 \cdot 24}{8}} = \sqrt{9} = 3$
d) $\frac{\sqrt{(-3)^2}}{\sqrt{3^2}} = \frac{\sqrt{9}}{3} = \frac{3}{3} = 1$

Bestimme die Definitionsmenge des Wurzelterms.

Beispiel 2

a) $\sqrt{x + 5}$. Es muss gelten $x + 5 \geq 0 \Leftrightarrow x \geq -5 \Rightarrow D = \{x \in \mathbb{R} | x \geq -5\}$
b) $\sqrt{x^2 + 1}$. Es muss gelten $x^2 + 1 \geq 0$. Diese Bedingung ist für alle reellen Zahlen erfüllt, also $D = \mathbb{R}$.

17. Vereinfache mithilfe der Gesetze (W1) bis (W3).

Aufgaben

a) $\sqrt{2} \cdot \sqrt{32}$ b) $\sqrt{8} \cdot \sqrt{2}$ c) $\sqrt{0{,}5} \cdot \sqrt{8}$ d) $\sqrt{40} \cdot \sqrt{10}$
e) $\sqrt{0} \cdot \sqrt{11}$ f) $\sqrt{8} \cdot \sqrt{18}$ g) $\sqrt{\frac{3}{2}} \cdot \sqrt{\frac{3}{8}}$ h) $\sqrt{\frac{27}{20}} \cdot \sqrt{\frac{3}{5}}$

18. a) $\sqrt{18} : \sqrt{2}$ b) $\sqrt{125} : \sqrt{5}$ c) $\sqrt{2} : \sqrt{0{,}5}$ d) $\frac{\sqrt{27}}{\sqrt{3}}$

19. a) $\frac{\sqrt{18} \cdot \sqrt{2}}{\sqrt{75} \cdot \sqrt{3}}$ b) $\frac{\sqrt{40}}{\sqrt{2{,}5}}$ c) $\sqrt{\frac{1}{3}} \cdot \sqrt{15} \cdot \sqrt{5}$ d) $\sqrt{(-2) \cdot (-18)}$

20. Bestimme die Definitionsmenge des Wurzelterms.
a) $\sqrt{2x + 8}$ b) $\sqrt{x - 5}$ ▲ c) $\sqrt{6 - x}$ ▲ d) $\sqrt{\sqrt{x} - 2}$

D Quadratwurzeln – Reelle Zahlen

Beispiel 3 **Teilweises Wurzelziehen:** Zerlege den Radikanden so in ein Produkt, dass einer der beiden Faktoren eine möglichst große Quadratzahl ergibt.

a) $\sqrt{50} = \sqrt{25 \cdot 2} = \sqrt{25} \cdot \sqrt{2} = 5 \cdot \sqrt{2}$ b) $\sqrt{48} = \sqrt{16 \cdot 3} = \sqrt{16} \cdot \sqrt{3} = 4 \cdot \sqrt{3}$

Beispiel 4 **Einen positiven Vorfaktor unter die Wurzel bringen:** Schreibe den positiven Vorfaktor v als die Wurzel $\sqrt{v^2}$ und wende dann das Gesetz (W1) an.

a) $2 \cdot \sqrt{5} = \sqrt{4} \cdot \sqrt{5} = \sqrt{20}$ b) $v \cdot \sqrt{2} = \sqrt{v^2} \cdot \sqrt{2} = \sqrt{2v^2}$

Beispiel 5 **Wurzelterme ausmultiplizieren und ausklammern**

a) $(\sqrt{2} + \sqrt{8}) \cdot \sqrt{2} = \sqrt{2} \cdot \sqrt{2} + \sqrt{8} \cdot \sqrt{2} = 2 + \sqrt{16} = 2 + 4 = 6$

b) $(\sqrt{3} - \sqrt{12})^2 = (\sqrt{3})^2 - 2 \cdot \sqrt{3} \cdot \sqrt{12} + (\sqrt{12})^2 = 3 - 2 \cdot \sqrt{36} + 12 = 3$

c) $5\sqrt{2} + \sqrt{8} = 5 \cdot \sqrt{2} + \sqrt{4 \cdot 2} = 5 \cdot \sqrt{2} + 2 \cdot \sqrt{2} = (5 + 2) \cdot \sqrt{2} = 7 \cdot \sqrt{2}$

Beispiel 6 **Einen Nenner rational machen:** Erweitere den Bruch mit dem Wurzelterm, der im Nenner steht, und vereinfache Nenner und Zähler anschließend.

a) $\frac{5}{\sqrt{3}} = \frac{5 \cdot \sqrt{3}}{\sqrt{3} \cdot \sqrt{3}} = \frac{5 \cdot \sqrt{3}}{3}$ b) $\frac{a}{\sqrt{b}} = \frac{a \cdot \sqrt{b}}{\sqrt{b} \cdot \sqrt{b}} = \frac{a \cdot \sqrt{b}}{b}$

Aufgaben

21. Vereinfache durch teilweises Wurzelziehen.

a) $\sqrt{8}$ b) $\sqrt{300}$ c) $\sqrt{72}$ d) $\sqrt{12a^2}$

e) $\sqrt{\frac{5}{9}}$ f) $\sqrt{98}$ g) $\sqrt{\frac{32}{9}}$ h) $\sqrt{243}$

22. Bringe den Vorfaktor unter die Wurzel.

a) $2 \cdot \sqrt{7}$ b) $0{,}5 \cdot \sqrt{20}$ c) $\frac{2}{3} \cdot \sqrt{27}$ d) $b \cdot \sqrt{\frac{a}{b}}$

23. Multipliziere aus und vereinfache.

a) $\sqrt{3} \cdot (\sqrt{12} + \sqrt{27})$ b) $(\sqrt{5} + \sqrt{20}) \cdot \sqrt{5}$ c) $(2 + \sqrt{5}) \cdot \sqrt{80}$

24. Wende die binomischen Formeln an.

a) $(\sqrt{2} + \sqrt{32})^2$ b) $(\sqrt{20} - \sqrt{5})^2$ c) $(\sqrt{7} + 2) \cdot (\sqrt{7} - 2)$

25. Beseitige die Wurzelterme im Nenner.

a) $\frac{3}{\sqrt{5}}$ b) $\frac{4}{\sqrt{11}}$ c) $\frac{2}{-\sqrt{3}}$ d) $\frac{1}{\sqrt{a}}$ e) $\frac{5}{2\sqrt{5}}$ f) $\frac{1}{2 - \sqrt{3}}$

Tipp zu f): Erweitere mit $2 + \sqrt{3}$ und wende die 3. binomische Formel an.

Probe-Klassenarbeit

1. Trage die folgenden reellen Zahlen im Mengenbild in das richtige Feld ein:

   0,123; $\sqrt{0{,}123}$; $\sqrt{100}$; $\frac{3}{4}$; $\sqrt{\frac{1}{4}}$; $\sqrt{0{,}1}$; $-\sqrt{4}$.

   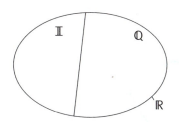

2. Berechne ohne Hilfe eines Taschenrechners.

   a) $\sqrt{64} =$ b) $\sqrt{121} =$ c) $\sqrt{0{,}36} =$ d) $\sqrt{900} =$

   e) $\sqrt{\frac{4}{9}} =$ f) $\sqrt{\frac{25}{36}} =$ g) $-\sqrt{\frac{36}{25}} =$ h) $\sqrt{-16} =$

3. Vergleiche die Seitenlängen und die Flächeninhalte von zwei Quadraten Q_1 und Q_2. Gegeben sind $s_1 = 4$ cm; $A_2 = 64$ cm².

4. Schachtele zwischen zwei natürlichen Zahlen ein.

   a) $\sqrt{7}$ b) $\sqrt{17}$ c) $\sqrt{1{,}7}$ d) $\sqrt{117}$

5. Setze eines der Zeichen = oder ≠ passend ein.

   a) $(-3)^2$ 3^2 b) -3^2 3^2 c) $(-2)^4$ 4^2 d) $(-1)^8$ -1^8

6. Vereinfache mithilfe der Wurzelgesetze.

   a) $\sqrt{2} \cdot \sqrt{18}$ b) $\sqrt{0{,}5} \cdot \sqrt{18}$ c) $\sqrt{\frac{3}{4}} \cdot \sqrt{3}$ d) $\sqrt{\frac{3}{4}} \cdot \sqrt{\frac{4}{3}}$

   e) $\sqrt{32} : \sqrt{2}$ f) $\sqrt{200} : \sqrt{10}$ g) $\sqrt{4} : \sqrt{0{,}25}$ h) $\frac{\sqrt{1000}}{\sqrt{10}}$

7. a) $(\sqrt{5})^2$ b) $(\sqrt{5})^4$ c) $-\sqrt{3^2}$ d) $\sqrt{(-3)^2}$

8. Vereinfache durch teilweises Wurzelziehen.

   a) $\sqrt{75}$ b) $\sqrt{32}$ c) $\sqrt{\frac{98}{32}}$ d) $\sqrt{\frac{0}{18}}$

E Quadratische Funktionen und ihre Graphen

1 Die Normalparabel und Graphen zu $x \mapsto a \cdot x^2$, $x \in \mathbb{R}$

Die einfachste quadratische Funktion ist $x \mapsto x^2$, $x \in \mathbb{R}$.

Ihr Graph ist eine **Normalparabel**. Sie ist nach oben geöffnet. Ihr Scheitelpunkt liegt im Ursprung des Koordinatensystems. Die y-Achse ist die Spiegelachse dieser Parabel. Man sagt: Die abgebildete Normalparabel ist in **Ursprungslage**.
Du solltest sie mithilfe der Punkte $(0|0)$, $\left(\frac{1}{2}|\frac{1}{4}\right)$, $(1|1)$, $\left(1\frac{1}{2}|2\frac{1}{4}\right)$, $(2|4)$ und ihrer Spiegelbilder zeichnen können.

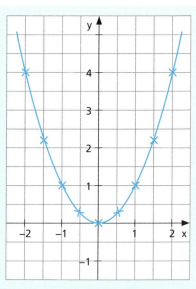

Du kannst die **Normalparabel an der x-Achse spiegeln**.
Dann entsteht der Graph der quadratischen Funktion $x \mapsto -x^2$, $x \in \mathbb{R}$.
Du kannst die **Normalparabel von der x-Achse aus strecken**.
Dann entsteht der Graph der quadratischen Funktion $x \mapsto a \cdot x^2$, $x \in \mathbb{R}$.

Beispiel

Zeichne den Graphen von $x \mapsto -\frac{1}{2}x^2$, $x \in \mathbb{R}$ in ein Koordinatensystem.

Lösung
Spiegele die Normalparabel zu $y = x^2$ an der x–Achse. Strecke dann die nach unten geöffnete Parabel von der x-Achse aus im Maße $k = \frac{1}{2}$.
Führe dies zunächst mit den „Merk-Punkten" für die Normalparabel aus.

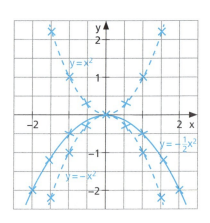

34

1 Die Normalparabel und Graphen zu x ↦ a · x², x ∈ ℝ

Der Graph einer Funktion f mit $f(x) = y = a \cdot x^2$, $x \in \mathbb{R}$, $a \neq 0$ ist eine Parabel mit dem Scheitelpunkt (0|0). Für $a > 0$ ist sie nach oben, für $a < 0$ ist sie nach unten geöffnet. Die Parabel zu $y = ax^2$ ist weiter als die Normalparabel, wenn $0 < a < 1$ oder $-1 < a < 0$ ist. Die Parabel zu $y = ax^2$ ist enger als die Normalparabel, wenn $a > 1$ bzw. $a < -1$ ist.

Beispiel

Die Parabel mit der Funktionsgleichung $y = ax^2$ verläuft durch den Punkt P. Bestimme jeweils die konkrete Parabelgleichung.
a) P (1|3)
b) P (−2|6)

Lösung
a) Setze die Koordinaten von P in die Gleichung $y = ax^2$ ein: $3 = a \cdot 1^2$. Löse nach a auf: $a = 3$. Antwort: Die konkrete Gleichung lautet $y = 3x^2$.

b) Beim Einsetzen erhältst du: $6 = a \cdot (-2)^2 = 4a$. Daraus folgt $a = \frac{3}{2}$ und als Funktionsgleichung $y = \frac{3}{2}x^2$.

Aufgaben

1. Zeichne die Normalparabel zu $y = x^2$ sowie die Graphen von f und g in ein Koordinatensystem. Beschreibe jeweils die Unterschiede und Gemeinsamkeiten der gezeichneten Parabeln.
   a) $f(x) = \frac{3}{2}x^2$, $g(x) = \frac{1}{4}x^2$
   b) $f(x) = -x^2$, $g(x) = -\frac{1}{2}x^2$

2. Ordne den dargestellten Parabeln die passende Gleichung zu.

   ___ $y = x^2$
   ___ $y = 1{,}5x^2$
   ___ $y = -2x^2$
   ___ $y = -\frac{1}{2}x^2$
   ___ $y = \frac{x^2}{2}$

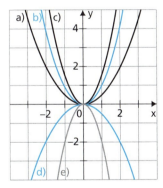

3. Wie entsteht die Parabel $y = -0{,}5x^2$ aus der Normalparabel $y = x^2$?

▲ 4. Die Punkte P und Q liegen auf der Parabel mit der Gleichung $y = ax^2$. Gib a an und bestimme die fehlende Koordinate von Q.
   a) P(2|8); Q(−3|)
   b) P(−3|3); Q(1,5|)

E Quadratische Funktionen und ihre Graphen

2 Die Funktionen
$x \mapsto x^2 + e$, $x \in \mathbb{R}$ und $x \mapsto (x - d)^2$, $x \in \mathbb{R}$

Der Graph der Funktion $x \mapsto x^2 + e$, $x \in \mathbb{R}$ ist eine nach oben geöffnete **Normalparabel mit dem Scheitelpunkt S(0|e)**. Sie geht aus der Normalparabel in Ursprungslage durch eine Parallelverschiebung in Richtung der y–Achse hervor.

Die Funktion $x \mapsto (x - d)^2$, $x \in \mathbb{R}$ besitzt als Graph eine nach oben geöffnete **Normalparabel mit dem Scheitelpunkt S(d|0)**. Ihr Graph geht aus der Normalparabel in Ursprungslage durch eine Parallelverschiebung in Richtung der x–Achse hervor.

Beispiel Zeichne die Graphen von f: $x \mapsto x^2 - 2$, g: $x \mapsto (x - 2)^2$ und h: $x \mapsto (x + 1)^2$.

Lösung
Bestimme die jeweiligen Scheitelpunkte:
$S_f(0|-2)$; $S_g(2|0)$; $S_h(-1|0)$. Zeichne dann nach oben geöffnete Normalparabeln durch diese Scheitelpunkte. Du kannst auch eine Parabelschablone benutzen.

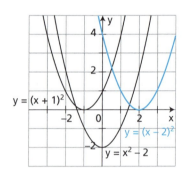

Aufgaben

5. Zeichne die Graphen in ein Koordinatensystem.
a) $f(x) = x^2 + 2$, $g(x) = x^2 - 1$
b) $f(x) = (x + 3)^2$, $g(x) = (x - 1)^2$

6. a) Für welche Funktion g: $x \mapsto x^2 + e$ gilt $g(-2) = 9$?
b) Der Graph welcher Funktion f: $x \mapsto x^2 + e$ verläuft durch den Punkt $P\left(\frac{1}{2}\middle|-1\right)$? Ermittle zeichnerisch die Nullstellen von f.

7. Zeichne die Graphen von $f(x) = -x^2 + 3$ und $g(x) = -(x - 2)^2$.

▲ **8.** Aus einem quadratischen Bogen Pappe mit Seitenlänge x soll eine 1 dm hohe, oben offene Schachtel hergestellt werden. Dazu schneidet man an den vier Ecken Quadrate der Seitenlänge 1 dm heraus. Wie groß ist die Grundfläche A der Schachtel in Abhängigkeit von x?
Gib eine Funktion an. Bestimme zeichnerisch, für welche Länge x die Grundfläche der Schachtel 5 dm² beträgt.

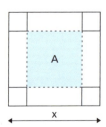

3 Die Scheitelpunktform
$x \mapsto a(x - d)^2 + e, \ x \in \mathbb{R}$

Der Graph der Funktion $x \mapsto a(x - d)^2 + e$ mit $a \neq 0$ ist eine **Parabel mit dem Scheitelpunkt S(d|e)**. Für $a > 0$ ist sie nach oben geöffnet, für $a < 0$ nach unten geöffnet.
Falls $a = 1$ oder $a = -1$, so ist sie eine Normalparabel.
Falls $a < -1$ oder $a > 1$, so ist sie enger als eine Normalparabel.
Falls $-1 < a < 1$ und $a \neq 0$, so ist sie weiter als eine Normalparabel.
Liegt die Funktionsgleichung einer quadratischen Funktion in der Form $y = a(x - d)^2 + e$ vor, dann bezeichnet man diese als **Scheitelpunktform**, weil man die Koordinaten des Scheitelpunkts direkt ablesen kann.

Beispiel

Untersuche den Graphen der Funktion $x \mapsto \frac{1}{2}(x - 1)^2 + 2$.

Lösung
Es ist $a = \frac{1}{2}$, also ist die Parabel nach oben geöffnet und weiter als eine Normalparabel (Man sagt auch: Sie ist gestaucht mit dem Faktor $\frac{1}{2}$).

Mit $d = 1$ und $e = 2$ hat die Parabel den Scheitel $S(1|2)$.

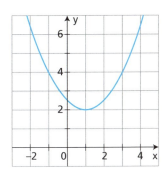

Aufgaben

9. Zeichne die Graphen von $f(x) = (x + 1)^2 - 2$ und $g(x) = (x - 3)^2 + 2$.

10. Zeichne die Graphen von f, g und h in ein Koordinatensystem:
    $f(x) = \frac{3}{2}(x + 3)^2 - 2$, $g(x) = -2(x - 1)^2 + 2$, $h(x) = \frac{1}{3}(x - 4)^2$.

11. Beschreibe, wie die Graphen von f, g bzw. h aus der Normalparabel $y = x^2$ entstehen.

12. Gib Gleichungen für die Funktionen f, g und h an.

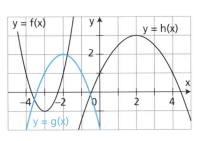

13. Gib von f, g und h den größten bzw. kleinsten Funktionswert an.

F Quadratische Gleichungen

1 Rein quadratische Gleichungen

Gleichungen der Form $ax^2 + bx + c = 0$ mit $a \neq 0$ heißen **quadratische Gleichungen**. Wenn $b = 0$ ist, liegt eine **rein quadratische Gleichung** vor, ansonsten heißt sie **gemischt quadratisch**.
Rechnerische Lösung einer rein quadratischen Gleichung:
Forme $ax^2 + c = 0$ äquivalent um in $x^2 = -\frac{c}{a} = r$. **Ist r > 0, dann besitzt die Gleichung zwei Lösungen $x_1 = -\sqrt{r}$ und $x_2 = \sqrt{r}$**, denn $(-\sqrt{r}) \cdot (-\sqrt{r}) = r$ und $\sqrt{r} \cdot \sqrt{r} = r$. Ist **r < 0**, dann hat sie **keine Lösung**.
Die Gleichung $x^2 = 0$ besitzt genau eine Lösung, nämlich $x = 0$.
Zeichnerische Lösung einer rein quadratischen Gleichung:
Forme $0 = ax^2 + c$ um in $0 = x^2 + \frac{c}{a}$, zeichne die zugehörige Normalparabel mit dem Scheitelpunkt $S(0|\frac{c}{a})$ und lies die Nullstellen ab.

Beispiel Löse die Gleichung $4x^2 - 16 = 0$ rechnerisch und zeichnerisch.

Lösung
Forme $4x^2 - 16 = 0$ um in $4x^2 = 16 \Leftrightarrow x^2 = 4$. Da $4 > 0$ ist, besitzt die Gleichung zwei Lösungen, nämlich
$x_1 = -\sqrt{4} = -2$ und $x_2 = \sqrt{4} = 2$.

Zeichnerische Lösung:
Zeichne die Parabel zu $y = x^2 - 4$.
Das ist eine aus der Ursprungslage um
4 Einheiten in Richtung der y-Achse
nach unten verschobene Normalparabel.
Sie schneidet die x-Achse an den
Stellen $x_1 = -2$ und $x_2 = 2$.
Die rechnerische und zeichnerische
Lösung stimmen überein. Also: $L = \{-2; 2\}$.

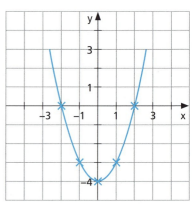

Aufgaben

1. Löse rechnerisch.
   a) $x^2 = 16$ b) $x^2 = 25$ c) $x^2 = \frac{4}{9}$ d) $x^2 = 6{,}25$
   e) $x^2 - 36 = 0$ f) $x^2 + 64 = 0$ g) $2x^2 - 8 = 0$ h) $0{,}5x^2 - 4{,}5 = 0$

2. Löse zeichnerisch.
   a) $3x^2 - 12 = 0$ b) $4x^2 - 1 = 0$ c) $2x^2 = 4{,}5$

2 Quadratische Gleichungen zeichnerisch lösen

Eine gemischt quadratische Gleichung kannst du zeichnerisch so lösen:
1. Forme die Gleichung äquivalent um in die Form $x^2 = mx + c$.
2. Zeichne die Normalparabel mit $y = x^2$ und die Gerade mit $y = mx + c$ in ein Koordinatensystem.
3. Falls sich Parabel und Gerade schneiden, liefern die x-Werte der Schnittpunkte die beiden Lösungen der quadratischen Gleichung. Berührt die Gerade die Parabel im Punkt T, dann ist der x-Wert von T die einzige Lösung der quadratischen Gleichung. Falls sich Parabel und Gerade meiden, besitzt die Gleichung keine Lösung.

Beispiel

Bestimme zeichnerisch die Lösungen von $2x^2 + x - 6 = 0$.

Lösung
Dividiere beide Seiten der Gleichung durch 2, forme danach $x^2 + \frac{1}{2}x - 3 = 0$ um in $x^2 = -\frac{1}{2}x + 3$. Zeichne Parabel und Gerade. Sie schneiden sich in den Punkten (−2|4) und (1,5|2,25). Die Lösungen sind also $x_1 = -2$; $x_2 = 1,5$.

Proben: $2 \cdot (-2)^2 + (-2) - 6 = 0$ wahr
$2 \cdot 1,5^2 + 1,5 - 6 = 0$ wahr
Beide Proben gelingen. Deshalb ist $L = \{-2; 1,5\}$.

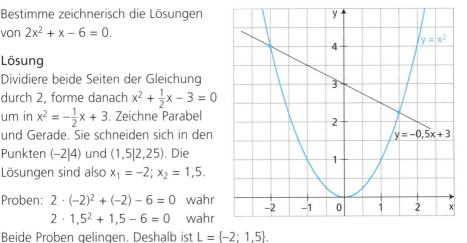

Aufgaben

3. Löse zeichnerisch, führe Proben durch und gib L an.
a) $x^2 - x - 2 = 0$ b) $x^2 - 1,5x - 1 = 0$ c) $3x^2 + 4,5x - 3 = 0$

4. Ermittle zeichnerisch, wie viele Lösungen die Gleichung hat.
a) $x^2 - 2x + 3 = 0$ b) $x^2 - x + 0,25 = 0$ c) $x^2 - x - 0,75 = 0$

5. Bestimme näherungsweise die Lösungen der Gleichung.
a) $x^2 = x + 3$ b) $4x^2 + x - 12 = 0$ c) $5x^2 + x = 12,5$

▲ **6.** Warum hat eine quadratische Gleichung der Form $x^2 + bx + c = 0$ stets zwei Lösungen, wenn $c < 0$ ist?

F Quadratische Gleichungen

3 Quadratische Gleichungen mit der p-q-Formel lösen

Eine quadratische Gleichung in der **Normalform** $x^2 + px + q = 0$ löst du mit der p-q-Formel so:
$$x_{1,2} = -\frac{p}{2} \pm \sqrt{\left(\frac{p}{2}\right)^2 - q}$$

Falls der Radikand $\left(\frac{p}{2}\right)^2 - q$ größer als Null ist, existieren zwei Lösungen. Ist der Radikand gleich Null, hat die Gleichung genau eine Lösung. Wenn der Radikand negativ ist, hat die Gleichung keine Lösung. Der Term $D = \left(\frac{p}{2}\right)^2 - q$ entscheidet also über die Anzahl der Lösungen. D wird **Diskriminante** genannt.

Beispiel   Löse $3x^2 - 24x + 45 = 0$.

Lösung
Dividiere beide Seiten der Gleichung durch 3, um sie in die Normalform umzuformen. Du erhältst:
$x^2 - 8x + 15 = 0$. Setze für $p = -8$ und für $q = 15$ in die p-q-Formel ein:
$x_{1,2} = 4 \pm \sqrt{16 - 15} = 4 \pm 1 \Rightarrow x_1 = 5; x_2 = 3$.
Probe mit x_1: $3 \cdot 5^2 - 24 \cdot 5 + 45 = 0 \Leftrightarrow 75 - 120 + 45 = 0$ wahr
Probe mit x_2: $3 \cdot 3^2 - 24 \cdot 3 + 45 = 0 \Leftrightarrow 27 - 72 + 45 = 0$ wahr
Da die Probe mit beiden Lösungen gelingt, ist $L = \{3; 5\}$.

Tipp   Ordne in einer Lösungsmenge die Lösungen der Größe nach.

Aufgaben

7. Gib zuerst p und q an. Benutze dann die Lösungsformel.
   a) $x^2 + 2x - 8 = 0$ b) $x^2 + 8x - 20 = 0$ c) $x^2 - 6x - 135 = 0$
   d) $x^2 - 10x + 9 = 0$ e) $x^2 - x - 2 = 0$ f) $x^2 + 5x + 6 = 0$

8. a) $x^2 + 2x - 5 = 0$ b) $x^2 + 6x + 7 = 0$ c) $x^2 - \frac{1}{2}x - \frac{1}{9} = 0$
   d) $x^2 - 8x + 5 = 0$ e) $x^2 - x - 1 = 0$ f) $x^2 + 2{,}4x + 0{,}8 = 0$

9. Nicht immer gibt es zwei Lösungen. Bestimme die Lösungsmenge.
   a) $x^2 + 8x + 25 = 0$ b) $x^2 + 10x + 25 = 0$ c) $x^2 + 26x + 25 = 0$

10. Bringe die Gleichung erst auf die Normalform $x^2 + px + q = 0$.
   a) $5x^2 - 25x + 20 = 0$ b) $3x^2 - 20x + 14 = 2$ c) $(x - 4)(x + 7) = 42$

11. Die Summe zweier Zahlen beträgt 41, ihr Produkt 408.

4 Vermischte Übungen

Bei einer gemischt quadratischen Gleichung kann auch der **Sonderfall** $x^2 + bx = 0$ auftreten, also das absolute Glied fehlen.
Du kannst eine Gleichung dieser Form lösen, indem du x ausklammerst:
$x \cdot (x + b) = 0$. Nach dem Satz „Ein Produkt ist dann gleich Null, wenn ein Faktor gleich Null ist" folgt unmittelbar $x_1 = 0$ und $x_2 = -b$.

Beispiel

Löse die Gleichungen möglichst einfach.
a) $\frac{1}{3}x^2 - \frac{3}{16} = 0$
b) $3x^2 + 18x = 0$

Lösung

a) Multipliziere beide Seiten mit 3:
$x^2 - \frac{9}{16} = 0$

Addiere auf beiden Seiten $\frac{9}{16}$:
$x^2 = \frac{9}{16}$
$\Rightarrow x_1 = -\frac{3}{4}; x_2 = \frac{3}{4}$

Probe
mit x_1: $\frac{1}{3} \cdot \left(-\frac{3}{4}\right)^2 - \frac{3}{16} = 0$ wahr
mit x_2: $\frac{1}{3} \cdot \left(\frac{3}{4}\right)^2 - \frac{3}{16} = 0$ wahr

Also: $L = \left\{-\frac{3}{4}; \frac{4}{4}\right\}$

b) Dividiere beide Seiten durch 3:
$x^2 + 6x = 0$

Klammere x aus:
$x \cdot (x + 6)$
$\Rightarrow x_1 = 0; x_2 = -6$

Probe
mit x_1: $3 \cdot 0^2 + 18 \cdot 0 = 0$ wahr
mit x_2: $3 \cdot (-6)^2 + 18 \cdot (-6) = 0$ wahr

Also: $L = \{-6; 0\}$

Aufgaben

12. Löse die Gleichungen möglichst einfach.
a) $3x^2 - 12 = 0$
b) $0{,}2x^2 - 0{,}05 = 0$
c) $x^2 - 1{,}21 = 0$
d) $x^2 - \frac{1}{2}x = 0$
e) $x^2 + 0{,}25x = 0$
f) $0{,}5x^2 - 0{,}4x = 0$
g) $(x - 2)(x + 3) = 0$
h) $(x + 4)(x - 7) = 0$
i) $\left(x - \frac{1}{2}\right)\left(x + \frac{1}{2}\right) = 0$

13. Löse die Gleichungen graphisch.
a) $x^2 - 1 = 0$
b) $x^2 - 3x = 0$
c) $x^2 + 0{,}5x = 0$

14. Gegeben ist eine Funktionsgleichung. Zeichne den zugehörigen Graphen.
a) $y = x^2 - 4$
b) $y = x^2 + 1$
c) $y = x^2 - 2x$
d) $y = (x + 1)^2$
e) $y = x^2 - 4x + 3$

15. Löse mithilfe der p-q-Formel.
a) $3x^2 - 6x - 9 = 0$
b) $2x^2 - 10x + 8 = 0$
c) $6x^2 + 12x - 48 = 0$
d) $4x^2 + 8x - 252 = 0$
e) $2x^2 + 4x - 48 = 0$
f) $3x^2 + 8x - 3 = 0$

G Flächeninhalt ebener Vielecke

1 Zerlegungsgleiche Figuren

Zwei ebene Figuren (Vielecke) nennt man **zerlegungsgleich**, wenn man sie in paarweise kongruente Teilfiguren zerlegen kann. Zerlegungsgleiche Vielecke sind **flächengleich**.

Beispiel Zeige, dass die drei abgebildeten Vielecke den gleichen Flächeninhalt A = 2 cm² besitzen.

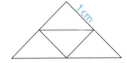

Lösung
Die drei Vielecke sind zerlegungsgleich, weil man sie jeweils in vier kongruente rechtwinklig-gleichschenklige Dreiecke zerlegen kann. Sie besitzen also den gleichen Flächeninhalt. Dieser ist am einfachsten beim Rechteck zu berechnen:
$A_{Rechteck} = a \cdot b = 2$ cm $\cdot$ 1 cm = 2 cm²
Übrigens: Weil der Flächeninhalt des Quadrats 2 cm² beträgt, ist die Seitenlänge des Quadrats $\sqrt{2}$ cm² ≈ 1,414 cm.

Aufgaben

1. Untersuche die Vielecke A, B und C auf Flächengleichheit.

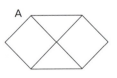
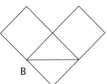
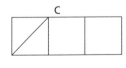

2. Zeichne ein Parallelogramm, das zum gegebenen Rechteck zerlegungsgleich und damit flächengleich ist.

▲ **3.** Zeige, dass die beiden Figuren zerlegungsgleich sind und damit den gleichen Flächeninhalt besitzen.

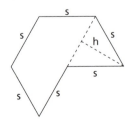
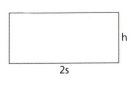

2 Höhen in Dreiecken und speziellen Vierecken

Höhen geben **Abstände** an. Die Höhe in einem **Dreieck** ist der Abstand eines Eckpunkts von der gegenüberliegenden Seite oder ihrer geradlinigen Verlängerung.

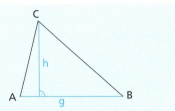

Die Höhe in einem **Viereck mit parallelen Seiten** ist der Abstand dieser Seiten. Höhen stehen stets senkrecht auf ihren zugehörigen **Grundseiten**. Von besonderem Interesse sind die Höhen in einem **Parallelogramm** und in einem **Trapez**, weil man damit die jeweiligen Vierecke in einfache Teilstücke zerlegen kann.

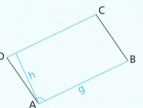 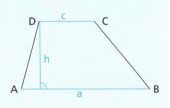

Beispiel

Zeichne in einem allgemeinen Trapez zwei Höhen zu den Grundseiten a und c ein, die durch die Mittelpunkte der Seiten b und d gehen. Zeige, dass das Trapez zerlegungsgleich zu dem eingezeichneten Rechteck ist.

Lösung
Das Trapez ABCD und das Rechteck $H_1H_2G_2G_1$ haben das sechseckige Teilstück $H_1H_2M_2CDM_1$ gemeinsam und jeweils eins von den kleinen und den großen rechtwinkligen Dreiecken, die zueinander kongruent sind.

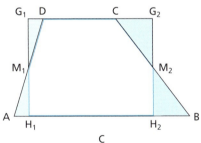

Aufgaben

4. a) Ergänze das spitzwinklige Dreieck ABC mit c = g zu einem Rechteck mit doppeltem Flächeninhalt. Begründe deinen Lösungsweg.
   b) Wähle nun ein rechtwinkliges (stumpfwinkliges) Dreieck als Ausgangsfigur.

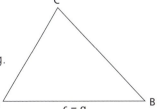

5. a) Zeige mithilfe einer Zeichnung, dass es in einem Parallelogramm im Allgemeinen zwei verschieden lange Höhen gibt.
   b) Wie ist es bei einer Raute?

G Flächeninhalt ebener Vielecke

3 Formeln zur Berechnung von Flächeninhalten

Flächeninhalte von Dreiecken

Allgemeines Dreieck

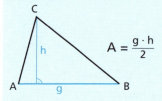

$A = \dfrac{g \cdot h}{2}$

Rechtwinkliges Dreieck mit $\gamma = 90°$

$A = \dfrac{a \cdot b}{2}$

Flächeninhalte von Vierecken

Rechteck: $A = a \cdot b$

Quadrat: $A = a \cdot a = a^2$

Parallelogramm: $A = a \cdot h_a$

Raute und Drachen: $A = \dfrac{e \cdot f}{2}$

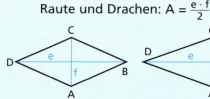

Trapez: $A = \dfrac{a + c}{2} \cdot h$

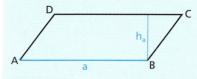

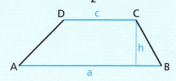

Präge dir diese Formeln gut ein.

Beispiel Von einem spitzwinkligen Dreieck ABC sind gegeben:
Grundseite c = 4,0 cm; h_c = 3,0 cm und a = 3,6 cm.
a) Berechne die Länge von h_a.   b) Konstruiere das Dreieck.

Lösung

a) $A = \dfrac{g \cdot h}{2} = \dfrac{4 \cdot 3}{2}$ cm² = 6 cm²

Weil $\dfrac{a \cdot h_a}{2} = 6$ cm² und a = 3,6 cm ist,

gilt $h_a = \dfrac{2 \cdot 6 \text{ cm}^2}{3,6 \text{ cm}} \approx 3,3$ cm

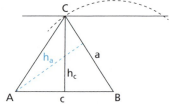

b) Zeichne die Grundseite $\overline{AB}$ = c = 4,0 cm, dazu eine Parallele im Abstand 3,0 cm und dann einen Kreis um B mit dem Radius 3,6 cm. Dieser Kreis schneidet die Parallele in zwei Punkten. Der linke ist der Punkt C. ...

Aufgaben **6.** Leite die Formeln für das Parallelogramm und den Drachen aus der Formel für den Flächeninhalt des Rechtecks her.

7. a) Konstruiere ein Dreieck ABC aus c = 4,2 cm; h_c = 3,6 cm und a = 3,9 cm. Berechne seinen Flächeninhalt.
b) Füge ein Parallelogramm hinzu, das den gleichen Flächeninhalt wie das Dreieck besitzt. Versuche, mindestens drei verschiedene Lösungen zu finden.

8. Konstruiere ein Parallelogramm aus:
a) a = 6,4 cm; h_a = 3,4 cm; α = 62°, b) a = 5,9 cm; b = 4,0 cm; β = 66°.
Berechne seinen Flächeninhalt. Miss ggf. eine fehlende Strecke.

9. Die Abbildung zeigt: Alle Parallelogramme in einem Streifen mit der gleichen Grundseite a

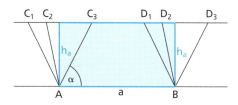

Wenn der Flächeninhalt eines beliebigen geradlinig begrenzten Vielecks zu berechnen ist, zerlege es in gut berechenbare Teilflächen, z. B. in Dreiecke oder in Trapeze und Dreiecke.

Beispiel

Berechne den Flächeninhalt des nebenstehenden Flurstücks, das im Maßstab 1:10000 abgebildet ist.

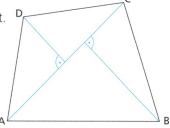

Lösung
Man misst die Länge der Diagonalen $\overline{AC}$ zu 45 mm, die Länge der Höhe aus B zu 29 mm und die Länge der Höhe aus D zu 16 mm. Der Flächeninhalt des Bildvierecks ABCD beträgt:
A(△ABC) + A(△ACD) = 652,5 mm² + 360 mm² = 1012,5 mm² = 10,125 cm².
1 cm² sind in Wirklichkeit 10000 m² = 1 ha. Das Flurstück ist also 10,125 ha groß.

10. Zeichne das Vieleck in ein Koordinatensystem (Einheit 1 cm!). Berechne den Flächeninhalt.
a) A(1|1); B(4|1); C(3|4); D(2|3)
▲ b) A(0|−4); B(3|−3); C(2|−1); D(1|−1); E(−1|−2)

Aufgabe

Tipp: Zerlege die Vielecke so in Dreiecke und Trapeze, dass die Hilfslinien parallel zu den Achsen verlaufen.

G Flächeninhalt ebener Vielecke

4 Anwendungen

Aufgaben

11. a) Konstruiere einen Drachen aus $a = d = 4$ cm, $b = c = 3$ cm und $e = 5$ cm. Zeichne eine Gerade durch die Punkte B und D. Berechne den Flächeninhalt A des Drachens. Wie lang ist die Diagonale f?

b) Ergänze die Figur um weitere Drachen, indem du den Punkt B auf der Geraden um 2 mm (4 mm, 6 mm) nach rechts und zugleich den Punkt D um die gleiche Strecke nach links wandern lässt.

c) Berechne die Flächeninhalte A_1, A_2 und A_3 der ergänzten Drachen.

▲ d) Formuliere eine funktionale Abhängigkeit der Flächeninhalte A_1, A_2 und A_3 vom Flächeninhalt A der Ausgangsfigur.

12. a) Zeichne ein Rechteck mit den Seitenlängen 5 cm und 3 cm. Markiere auf den Seiten b und d zwei zum Mittelpunkt des Rechtecks symmetrisch liegende Punkte P und R. Markiere auf der Seite c einen beliebigen Punkt Q und auf der Rechtecksseite a punktsymmetrisch dazu einen Punkt S. Zeichne das Viereck PQRS ein. Welche Form hat das Innenviereck? Begründe deine Antwort.

▲ b) Bei welcher Lage von Q hat das einbeschriebene Viereck die Form einer Raute (eines Rechtecks)?

▲ c) Bei welcher Lage von Q besitzt das Innenviereck den kleinst möglichen Flächeninhalt?

13. Es ist ein gleichschenkliges Trapez ABCD aus $a = 5$ cm, $c = 2$ cm und $h = 3$ cm gegeben.

a) Zeichne das Trapez. Ergänze die Figur um ein anderes gleichschenkliges Trapez $A_1B_1C_1D_1$, indem du die obere Grundseite nach rechts und links um x mm verlängerst und gleichzeitig die untere Grundseite rechts und links um x mm verkürzt.

b) Wie groß musst du x wählen, damit $A_1B_1C_1D_1$ ein Rechteck ist?

c) Wie groß darfst du x überhaupt wählen?

▲ d) Versuche eine Formel für den Flächeninhalt der neuen Trapeze zu finden.

H Umfang und Flächeninhalt von Kreisen und Kreisteilen

1 Der Kreisumfang

Der Umfang U eines Kreises vom Radius r ist: **U = 2πr**
Ist der Durchmesser d bekannt, dann rechne so: **U = πd**
Den Zahlenwert für π kann man nur näherungsweise angeben.
Merke dir: π ≈ 3,1416 oder auch π ≈ $3\frac{1}{7}$
Der Taschenrechner besitzt eine Sondertaste für π.

Beispiel

Lea und Jonas stehen vor einer alten großen Eiche und fragen sich, wie dick sie sei. Lea schlägt vor, ein Messband herumzulegen und den Umfang abzulesen. Sie messen U = 5,26 m.

Lösung
Aus U = 5,26 m = 2πr folgt r = $\frac{5,26 \text{ m}}{2\pi}$ ≈ 0,837 m
und daraus d ≈ 1,67 m.
Antwort: Die Eiche ist rund 1,67 m dick.

Aufgaben

1. Berechne den Umfang eines Kreises. Runde auf zwei Nachkommastellen.
   a) r = 5 cm   b) r = 9 cm   c) r = 12,4 cm   d) r = 3,40 m
   e) d = 9 cm   f) d = 12 cm   g) d = 25,6 cm   h) d = 4,60 m

2. Der Umfang eines Kreises ist gegeben. Berechne den Radius.
   a) U = 85 cm   b) U = 1 m   c) U = 1 km   d) U = 40 000 km

3. Der große Zeiger einer Taschenuhr ist 1,1 cm, der kleine 0,7 cm lang. Wie lang sind die Wege, die die Spitzen an einem Tag zurücklegen?

▲ 4. a) Wie kannst du die abgebildete „Fischblase" konstruieren?
   b) Berechne ihren Umfang.
   Beachte: Der Abstand zwischen zwei Gitterlinien soll 10 cm betragen.

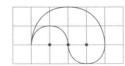

H Umfang und Flächeninhalt von Kreisen und Kreisteilen

2 Der Flächeninhalt des Kreises

Der Flächeninhalt A eines Kreises mit dem Radius r beträgt **A = πr²**.
Zwischen dem Flächeninhalt, dem Umfang und dem Radius eines
Kreises besteht die Beziehung A = r · $\frac{U}{2}$.

Zwei verschieden große Kreise mit dem gleichen
Mittelpunkt bilden einen **Kreisring**.
Sind r_1 und r_2 die Radien der Kreise und ist $r_1 > r_2$,
so ist der Flächeninhalt des Kreisrings **A = π($r_1^2 - r_2^2$)**.

Beispiel

Um einen Kreis vom Flächeninhalt 1 m² soll ein Ring vom Flächeninhalt
1 m² gelegt werden. Wie groß sind die Radien?

Lösung
Betrachte die Abbildung oben als Probefigur. Der innere Kreis soll 1 m² groß sein.
Nenne seinen Radius r_2. Berechne r_2: $A_2 = \pi r_2^2 \Rightarrow r_2 = \sqrt{\frac{A_2}{\pi}}$.
Setze ein: $r_2 = \sqrt{\frac{1m^2}{\pi}} \approx 0{,}5642$ m.
Setze die bekannten Größen in A = π($r_1^2 - r_2^2$) = $\pi r_1^2 - \pi r_2^2$ ein:
1 m² = πr_1^2 − 1 m² $\Rightarrow r_1 = \sqrt{\frac{2m^2}{\pi}} \approx 0{,}7979$ m.
Der Radius des inneren Kreises ist rund 56,4 cm und der des äußeren Kreises
rund 79,8 cm lang.

Aufgaben

5. Von den Größen r, d, U und A eines Kreises ist eine gegeben.
Berechne die übrigen.
a) r = 5,2 cm **b)** d = 11,6 cm **c)** U = 28,6 cm **d)** A = 500 cm²

6. Die Radien zweier Kreise verhalten sich a) wie 2 : 3, b) wie 5 : 7.
In welchem Verhältnis stehen die Umfänge und die Flächeninhalte?

7. Einem Quadrat mit der Seitenlänge a ist ein Kreis einbeschrieben
und ein anderer Kreis umbeschrieben. In welchem Verhältnis stehen
a) die Umfänge, b) die Flächeninhalte der beiden Kreise?

▲ **8.** Berechne die Flächeninhalte
der farbigen Flächen.
Der Radius des großen
Halbkreises sei r.

a) 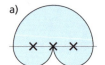   b)

3 Umfang und Flächeninhalt von Kreisteilen

Zeichnet man in einen Kreis mit dem Radius r einen Mittelpunktswinkel der Größe α ein, dann entstehen ein Kreisausschnitt (farbig hervorgehoben) und ein Kreisbogen b. Für die **Länge b des Kreisbogens** gilt:

$\frac{b}{2\pi r} = \frac{\alpha °}{360°} \Rightarrow$ **b = $2\pi r \cdot \frac{\alpha}{360}$**.

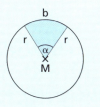

Für den **Flächeninhalt des Ausschnitts** gilt: $\frac{A}{\pi r^2} = \frac{\alpha °}{360°} \Rightarrow$ **A = $\pi r^2 \cdot \frac{\alpha}{360}$**.

Beispiel

In einen Kreis mit dem Umfang 10 m wird ein Mittelpunktswinkel von 30° gelegt. Berechne die Länge des zugehörigen Kreisbogens und den Flächeninhalt des zugehörigen Kreisausschnitts.

Lösung

Berechne zunächst den Radius des Kreises: $r = \frac{U}{r\pi} = \frac{10\,m}{2\pi} \approx 1{,}59155$ m.
Bestimme dann mithilfe der entsprechenden Formeln die gesuchten Stücke.

$b = 2\pi \cdot 1{,}59155\,m \cdot \frac{30}{360} \approx 0{,}83333\,m \Rightarrow$ **b ≈ 83,3 cm**

$A_{Ausschnitt} = \pi \cdot (1{,}59155\,m)^2 \cdot \frac{1}{12} \approx 0{,}66315\,m^2 \Rightarrow$ **A ≈ 6 632 cm²**

9. Berechne die fehlenden Stücke.

Aufgaben

	a)	b)	c)	d)	e)
r	9,2 cm	5,3 cm	37,4 m		10 cm
α	76°		128°	90°	
b		9,8 cm		80 cm	
$A_{Ausschnitt}$					2,5 cm²

10. Zwei Orte auf dem Äquator sind 15° voneinander entfernt. Wie groß ist die Entfernung in km? (Radius des Erdäquators ≈ 6 378 km)

11. Die Richtung eines Bahngleises ändert sich auf einem Kreisbogen (r = 350 m) um 15°. Die Spurweite beträgt 1,435 m. Wie lang ist das gebogene Gleisstück innen und außen?

▲**12.** Berechne die Flächeninhalte der in den Bildern farbig dargestellten Figuren.

Tipp: $A_{gleichs.\ Dreieck} = \frac{s^2}{4}\sqrt{3}$

a)   b)

I Zentrische Streckung und Ähnlichkeit

1 Zentrische Streckungen

Eigenschaften der zentrischen Streckung

(1) Ein Punkt P und sein Streckbild P' liegen auf einer Geraden durch das Zentrum Z der Streckung. Für das Maß k der Streckung gilt: $\frac{\overline{ZP'}}{\overline{ZP}} = k$.

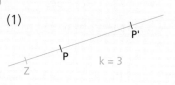

(2) Eine Gerade g, die nicht durch Z geht, und ihr Streckbild sind parallel zueinander. Eine Gerade durch Z schneidet die Parallelen in H und H'. Dann gilt $\frac{\overline{ZH'}}{\overline{ZH}} = k$. Eine Gerade durch Z geht bei der zentrischen Streckung in sich selbst über.

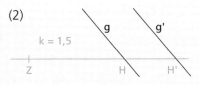

(3) Eine Strecke $\overline{AB}$ wird in eine parallele Strecke $\overline{A'B'}$ abgebildet und es gilt $\frac{\overline{A'B'}}{\overline{AB}} = k$.

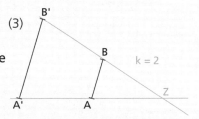

(4) Im Original und im Streckbild sind die entsprechenden Winkel gleich groß und für alle entsprechenden Strecken gilt: $\frac{\text{Länge der Bildstecke}}{\text{Länge der Originalstrecke}} = k$.

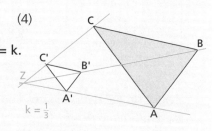

(5) Für das Maß k der Streckung gilt: k ≠ 0. Ist k negativ, dann liegen Bildpunkt und Originalpunkt auf verschiedenen Seiten von Z.

Sonderfälle:
k = 1: Streckbild und Original sind identisch.
k = –1: Streckbild und Original sind gleichsinnig kongruent. Das Bild könnte auch durch eine Halbdrehung um Z entstanden sein.

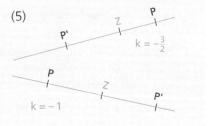

1 Zentrische Streckungen

Beispiel

Es sind gegeben ein Drachenviereck ABCD, ein Punkt Z und eine Gerade durch Z, A und A'. Konstruiere das Streckbild A'B'C'D'.

Lösung
Zeichne die Geraden ZB, ZC und ZD, also die Ortslinien für B', C' und D'. Konstruiere danach mithilfe der Parallelen zu den Seiten bzw. Diagonalen des Originals schrittweise das Streckbild (wende mehrfach Eigenschaft 3 der Streckung an).

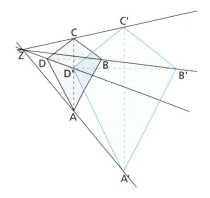

Aufgaben

1. Strecke den Punkt P von Z aus im angegebenen Maße.
   a) $k = 2$
   b) $k = \frac{1}{2}$

2. Eine zentrische Streckung ist durch die Punkte Z, P und P' eindeutig bestimmt.
   a) Erläutere dies.
   b) Konstruiere den Bildpunkt von Q und die Bildstrecke $\overline{P'Q'}$.

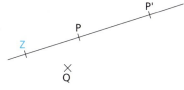

*Tipp: Zeichne zuerst die Gerade durch Z und Q.
Denke an die Eigenschaft 2 der zentrischen Streckung.*

3. a) Schreibe die fehlenden Namen an die Schnittpunkte im linken Teil der Abbildung.
   b) Miss die Strecken $\overline{ZA'}$ und $\overline{ZA}$. Berechne den Zahlenwert für das Maß der Streckung.

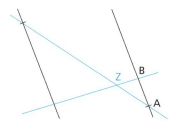

4. Zeichne ein gleichseitiges Dreieck ABC mit $a = b = c = 4{,}0$ cm. Strecke es
   a) von A aus im Maße $k = 2{,}5$;
   b) von C aus im Maße $k = -1$.

5. Übertrage die folgenden Figuren auf normales kariertes Papier und führe die durch Z und k beschriebenen Streckungen durch.

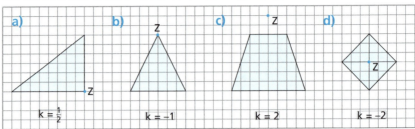

a) $k = \frac{1}{2}$ b) $k = -1$ c) $k = 2$ d) $k = -2$

6. Strecke einen Kreis (r = 2,0 cm)
a) von M = Z aus mit k = 2;
b) von einem Punkt Z auf dem Kreisrand aus mit k = 0,5;
c) von einem Punkt Z außerhalb des Kreises (ZM = 3,0 cm) aus mit k = 1,5.

Probefigur zu c)

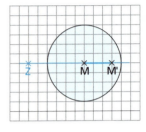

7. a) Zeichne folgende Figuren jeweils in ein eigenes Achsenkreuz auf normales kariertes Papier und beschrifte die Figuren wie angegeben.
   (1) ein Quadrat ABCD mit den Ecken A(2|2), B(–2|2), C(–2|–2), D(2|–2),
   (2) ein Dreieck ABC mit den Ecken A(3|3), B(6|3), C(6|7),
   (3) ein Rechteck ABCD mit den Ecken A(6|–4), B(9|2), C(7|3), D(4|–3).
b) Strecke die Figuren aus der vorigen Aufgabe wie folgt:
   (1) das Quadrat vom Ursprung aus mit k = 1,5,
   (2) das Dreieck vom Punkt Z(5|0) aus mit k = 2,
   (3) das Rechteck vom Punkt Z(6|–4) aus mit $k = -\frac{1}{3}$.

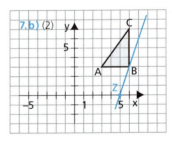

8. Strecke das Rechteck ABCD mit A(0|–3), B(3|6), C(0|7), D(–3|–2) von A = Z aus mit $k = -\frac{1}{3}$.
Vergleiche das Bildviereck mit dem Original.

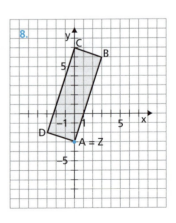

2 Streckenteilungen

Bei einer zentrischen Streckung im Maße k > 1 wird jede Strecke $\overline{ZP'}$, $\overline{ZQ'}$; $\overline{ZR'}$;... durch die Originalpunkte P; Q; R; ... im gleichen Verhältnis geteilt.
Es gilt: Ist $\overline{ZP} : \overline{ZP'} = p : q + q$, dann ist $k = \frac{p+q}{p}$.

Gilt 0 < k < 1, dann werden die Strecken $\overline{ZP}$; $\overline{ZQ}$; $\overline{ZR}$; ... durch die zugehörigen Bildpunkte im gleichen Verhältnis geteilt.
Es gilt: Ist $\overline{ZP'} : \overline{ZP} = p : p + q$, dann ist $k = \frac{p}{p+q}$.

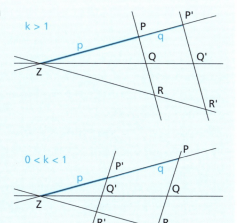

Teile die Strecke $\overline{AB}$ = 4,0 cm rein konstruktiv im Verhältnis 3 : 2. Nenne den Teilungspunkt T.

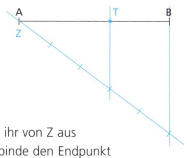

Beispiel

Lösung
Fasse den Punkt A als Zentrum einer Streckung auf mit $k = \frac{3}{3+2} = \frac{3}{5}$.
Lege durch A = Z eine Hilfsgerade und trage auf ihr von Z aus fünf gleich lange Strecken nacheinander ab. Verbinde den Endpunkt mit B und zeichne dazu eine Parallele durch den Endpunkt der dritten Teilstrecke. Diese Parallele schneidet $\overline{AB}$ im gesuchten Teilungspunkt T.

9. Strecke P von Z aus im Maße
   a) $k = \frac{5}{8}$;   b) $k = \frac{8}{5}$.
   Konstruiere P' ohne zu messen und ohne zu rechnen.

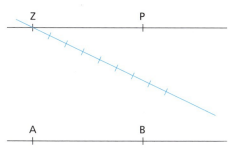

Aufgaben

10. Markiere auf der Geraden durch A und B einen Punkt T so, dass
    a) $\overline{AT} : \overline{TB}$ = 5 : 3,
    ▲ b) $\overline{AT} : \overline{AB}$ = 5 : 3 ist.

I Zentrische Streckung und Ähnlichkeit

3 Die zentrische Streckung als Ähnlichkeitsabbildung

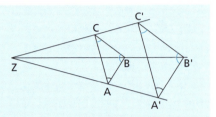

Bei einer zentrischen Streckung sind in der Original- und Bildfigur die entsprechenden Winkel jeweils gleich groß. Entsprechende Strecken stehen im gleichen Verhältnis.
Original- und Bildfigur sind ähnlich.
Du kannst die Bildfigur als maßstabsgetreue **Vergrößerung** der Originalfigur auffassen, wenn der Betrag von k größer als 1 ist. Wenn für das Maß der Streckung dagegen $-1 < k < 1$ ($k \neq 0$) gilt, liegt eine **Verkleinerung** vor. Für beide Fälle ist der Maßstab k : 1.

Sind zwei Figuren F' und F ähnlich und geht F' aus F durch eine Abbildung im Maßstab k : 1 hervor, dann verhalten sich die Flächeninhalte von F' und F wie **k^2 : 1**.

Beispiel

Zeichne den Plan eines rechteckigen Schulhofes. Er ist in Nord-Süd-Richtung 50 m und in West-Ost-Richtung 40 m lang. In der Nordwestecke befindet sich ein Pavillon mit 8 m langen Mauern auf den Grenzen und einer runden Glaswand (in Form eines Viertelkreises) zum Schulhof hin.

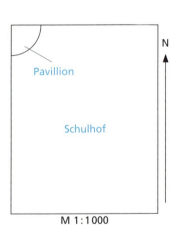

Lösung
Verkleinere den Schulhof im Maßstab 1 : 1000.
Es ist also k = 1 : 1000 = 0,001.
Im Plan musst du 40 m durch eine Strecke von 40 m · 0,001 = 0,04 m = 4 cm darstellen.
Zeichne also ein Rechteck 4,0 cm mal 5,0 cm und in der NW-Ecke einen Viertelkreis mit dem Radius 0,8 cm.

Aufgaben

11. Ergänze den Plan des Schulhofs an der Westseite um einen Einlass für Fahrräder von 1,00 m Breite und einen Einlass für Schülerinnen und Schüler mit Doppeltor (Breite 2,40 m).

12. Berechne die Flächeninhalte des Schulhofs in Wirklichkeit und im Plan mit dem Maßstab 1 : 1000. Vergleiche.

4 Ähnliche Dreiecke

Erster Ähnlichkeitssatz: Dreiecke sind ähnlich, wenn sie in der Größe zweier Winkel übereinstimmen.
Zweiter Ähnlichkeitssatz: Dreiecke sind ähnlich, wenn sie in der Größe eines Winkels und im Verhältnis der Längen der anliegenden Seiten übereinstimmen.
Dritter Ähnlichkeitssatz: Dreiecke sind ähnlich, wenn sie im Verhältnis der Seitenlängen übereinstimmen.
Vierter Ähnlichkeitssatz: Dreiecke sind ähnlich, wenn sie im Verhältnis zweier Seitenlängen und in der Größe des Gegenwinkels zur längeren Seite übereinstimmen.

Sind zwei Dreiecke $A_1B_1C_1$ und $A_2B_2C_2$ ähnlich, dann kannst du sie in **Ähnlichkeitslage** bringen, z. B. die Dreiecke so anordnen, dass $A_1 = A_2$ ist und α_1 auf α_2 liegt. Die Dreiecke gehen dann durch eine zentrische Streckung aus $A_1 = A_2 = Z$ ineinander über.

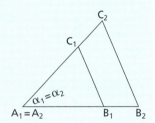

Ein Dreieck $A_1B_1C_1$ mit $a_1 = 3{,}0$ cm; $b_1 = 2{,}3$ cm und $c_1 = 2{,}7$ cm ist gegeben.
a) Konstruiere ein dazu ähnliches Dreieck $A_2B_2C_2$ mit $c_2 = 3{,}6$ cm.
c) Berechne die Längen der Seiten a_2 und b_2.

Beispiel

Lösung
a) Zeichne zunächst das Dreieck $A_1B_1C_1$ aus den drei Seiten.
Das Dreieck $A_2B_2C_2$ findest du, wenn du den 2. Ähnlichkeitssatz anwendest und die beiden Dreiecke in Ähnlichkeitslage darstellst **oder** eine zentrische Streckung aus $A_1 = Z$ mit $k = \frac{3{,}6 \text{ cm}}{2{,}7 \text{ cm}} = \frac{4}{3}$ durchführst. Bei beiden Lösungsgedanken beginnt die Konstruktion

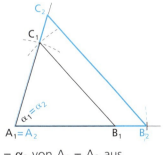

damit, dass du auf dem unteren Schenkel von $\alpha_1 = \alpha_2$ von $A_1 = A_2$ aus die Strecke $c_2 = 3{,}6$ cm abträgst. Messwerte: $a_2 = 4{,}0$ cm; $b_2 = 3{,}1$ cm.
b) Entsprechende Strecken müssen im gleichen Verhältnis stehen. Also gilt
$\frac{a_2}{a_1} = \frac{b_2}{b_1} = \frac{c_2}{c_1} = \frac{3{,}6 \text{ cm}}{2{,}7 \text{ cm}} = \frac{4}{3} \Rightarrow a_2 = 3{,}0 \text{ cm} \cdot \frac{4}{3} = 4{,}0$ cm und
$b_2 = 2{,}3 \text{ cm} \cdot \frac{4}{3} \approx 3{,}1$ cm. Die Messwerte sind bestätigt.

I Zentrische Streckung und Ähnlichkeit

Aufgaben

13. Von zwei Dreiecken $A_1B_1C_1$ und $A_2B_2C_2$ sind die folgenden Stücke gegeben. Sind die Dreiecke ähnlich? Begründe deine Antwort mithilfe der Ähnlichkeitssätze.

a) $\alpha_1 = \alpha_2$; $\gamma_1 = \gamma_2$
b) $a_2 = 3 \cdot a_1$; $b_2 = 3 \cdot b_1$
c) $b_2 : b_1 = c_2 : c_1$; $\alpha_1 = \alpha_2$
d) $b_2 : b_1 = c_2 : c_1$; $\gamma_2 = \gamma_1$

14. Unter welchen Bedingungen sind

a) zwei rechtwinklige Dreiecke ($\gamma_2 = \gamma_1 = 90°$),
b) zwei gleichschenklige Dreiecke,
c) zwei rechtwinklig gleichschenklige Dreiecke ($\gamma_1 = \gamma_2 = 90°$) ähnlich?

15. Zeichne das Dreieck ABC aus b = 2,8 cm; c = 4,2 cm; γ = 70°.

a) Vergrößere es im Maßstab 3 : 2.
b) Verkleinere es im Maßstab 1 : 2.

Miss jeweils die Länge der Bildstrecke von c und kontrolliere die Genauigkeit deiner Zeichnung rechnerisch.

16. Konstruiere ein Dreieck ABC.

a) a : c = 5 : 3; a = 3,6 cm; β = 60°
b) a : c = 5 : 3; b = 4,0 cm; α = 60°
c) a : b : c = 3 : 4 : 5; c = 6,0 cm

Tipp zu a): Zeichne zunächst ein Dreieck A'B'C' aus a : c und ß und konstruiere dann das dazu gesuchte ähnliche Dreieck ABC mit a = 3,6 cm; b) und c) entsprechend.

17. In einem Dreieck sind c = 9 cm und h_c = 6,2 cm lang. Die Seite c' eines ähnlichen Dreiecks ist 15 cm lang. Berechne h_c' und die Flächeninhalte beider Dreiecke.

▲**18.** Konstruiere ein Dreieck aus folgenden Stücken.

a) α = 60°; β = 45°; s_a = 6 cm
b) b : c = 4 : 5; α = 42°; h_a = 5,2 cm

Tipp zu a) Zeichne in ein ähnliches Dreieck A'B'C' aus α' = 60° und β' = 45° die Seitenhalbierende von a' (also s_a') ein.

5 Ähnliche Vielecke

Zwei Vielecke heißen ähnlich,
wenn die entsprechenden Teildreiecke
ähnlich sind.

Sätze über ähnliche Vielecke:
(1) In ähnlichen Vielecken sind
die entsprechenden Winkel
gleich groß.
(2) In ähnlichen Vielecken stehen
die Längen entsprechender
Strecken im gleichen Verhältnis.
(3) Die Flächeninhalte ähnlicher
Vielecke verhalten sich wie die
Quadrate von Längen entsprechender Strecken der Vielecke.

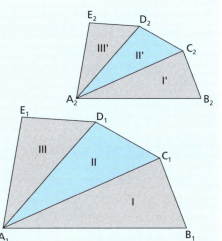

Aufgaben

19. Als Original-Vieleck ist gegeben:
    a) ein Rechteck mit den Seitenlängen 4,0 cm und 3,0 cm
    b) eine Raute mit den Seitenlängen 3,0 cm und $\alpha = 60°$
    c) ein regelmäßiges Sechseck mit der Seitenlänge 3,0 cm
    Zeichne zu jedem Vieleck ein ähnliches Vieleck, dessen Seitenlängen sich
    wie 3 : 2 zu den Seitenlängen des Originals verhalten.

20. Welche Vierecke (Dreiecke, Sechsecke) sind immer einander ähnlich?
    Begründe.

21. Untersuche, ob die Umfänge des einem Kreis einbeschriebenen Quadrats
    und des dem gleichen Kreis umbeschriebenen Quadrats im gleichen Verhältnis stehen wie die Längen ihrer Diagonalen.

    Tipp: Lege zunächst eine Probefigur an.

▲ 22. Gegeben ist ein Parallelogramm. Es soll durch eine Gerade ein anderes
    Parallelogramm abgeschnitten werden, das dem gegebenen ähnlich ist.

▲ 23. Einem Kreis mit r = 4 cm ist ein Rechteck mit dem Seitenverhältnis
    a : b = 3 : 5 einzubeschreiben.

I Zentrische Streckung und Ähnlichkeit

6 Vierstreckensätze (Strahlensätze)

Werden zwei Geraden g und h, die sich in einem Punkt Z schneiden, von zwei parallelen Geraden geschnitten, dann verhalten sich die Längen von zwei Strecken auf der Geraden g wie die Längen der entsprechenden Strecken auf der Geraden h.

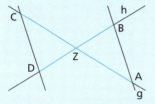

Sonderfall (Merkfigur des 1. Strahlensatzes)

Es gelten z. B.: $\overline{ZB} : \overline{ZA} = \overline{ZD} : \overline{ZC}$ oder $\overline{AC} : \overline{ZA} = \overline{BD} : \overline{ZB}$

Werden zwei Geraden g und h, die sich in einem Punkt Z schneiden, von zwei parallelen Geraden geschnitten, dann verhalten sich die Längen der auf den Parallelen ausgeschnittenen Strecken wie die Längen der zugehörigen Strecken auf einer der Geraden.

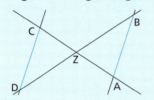

Sonderfall (Merkfigur des 2. Strahlensatzes)

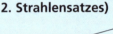

Es gelten z. B.: $\overline{AB} : \overline{CD} = \overline{ZA} : \overline{ZC}$ oder $\overline{CD} : \overline{AB} = \overline{ZD} : \overline{ZB}$

Beispiel Bestimme konstruktiv die Zahl x in $1{,}6 : 2{,}4 = 1{,}8 : x$.

Lösung

Zeichne zwei sich in Z schneidende Geraden und trage auf einer Geraden von Z aus 1,6 cm und 2,4 cm ab, nenne die Endpunkte A und C. Trage dann auf der anderen Geraden von Z aus 1,8 cm ab, nenne den Endpunkt B. Zeichne eine Parallele zu AB durch C. Diese schneidet die andere Gerade in D. Der Zahlenwert von $\overline{ZD}$ ist die gesuchte Zahl x. Messwert: x = 2,7.

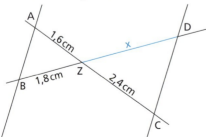

Lösung nach dem 1. Strahlensatz:
Zeichne zwei von Z ausgehende Strahlen. Weiter wie beschrieben!

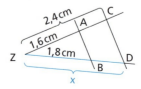

6 Vierstreckensätze (Strahlensätze)

24. Löse die Beispielaufgabe mithilfe des 2. Vierstreckensatzes (des 2. Strahlensatzes). Bestimme den Wert von x auch rechnerisch. *Aufgaben*

25. Berechne die Länge der farbig markierten Strecke.

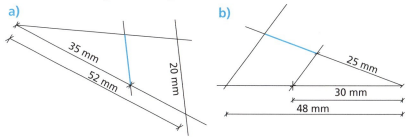

26. Teile eine Strecke von 5,0 cm **a)** konstruktiv, **b)** rechnerisch im Verhältnis 3 : 5. Nenne den Teilungspunkt T.

27. Zeichne eine Strecke $\overline{AB}$ = 4,2 cm und füge in der Verlängerung einen Punkt T so ein, dass **a)** $\overline{AB} : \overline{AT}$ = 3 : 5,
b) $\overline{AB} : \overline{BT}$ = 3 : 2 gilt. Löse die Aufgabe konstruktiv.

28. Bestimme konstruktiv die 4. Proportionale x.
   a) 3 : x = 4 : 6   **b)** 2 : 5 = x : 4   **c)** 1 : 4 = 1,6 : x

29. Die Abbildungen zeigen jeweils ein Büschel von vier Geraden, die sich in Z schneiden, außerdem zwei weitere parallele Geraden.
   a) Verallgemeinere den ersten Vierstreckensatz (1. Strahlensatz) entsprechend.
   b) Bilde mindestens vier Proportionen mit Strecken auf den Geraden des Büschels.

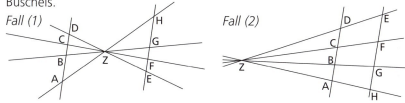

▲**30.** Löse zeichnerisch x : y : z = 2 : 3 : 4, wenn
   a) x = 2,5 cm,   **b)** y = 1,5 cm,   **c)** z = 2,4 cm gewählt wird.
   Kontrolliere deine Messergebnisse durch Rechnungen.

Tipp: Weil hier ein Verhältnis zwischen sechs Strecken auftritt, solltest du mit einem Büschel arbeiten. Du kannst z. B. die Strecken 2 cm, 3 cm und 4 cm auf eine der Parallelen legen und in a) eine Strecke von 2,5 cm auf die andere Parallele.

J Flächensätze am rechtwinkligen Dreieck

1 Der Satz des Pythagoras

Der Satz des Pythagoras
In jedem rechtwinkligen Dreieck haben die Kathetenquadrate zusammen den gleichen Flächeninhalt wie das Hypotenusenquadrat.

$a^2 + b^2 = c^2$

Umkehrung des Satzes
Gilt für die Seiten a, b und c eines Dreiecks die Gleichung $a^2 + b^2 = c^2$, dann ist es ein rechtwinkliges Dreieck mit c als Hypotenuse.

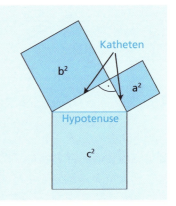

Beispiel

a)   b) 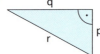   c)

Wie lautet der Satz des Pythagoras bei diesen Dreiecken?

Lösung
a) $y^2 + x^2 = z^2$ 　　　 b) $p^2 + q^2 = r^2$ 　　　 c) $u^2 + v^2 = w^2$

Aufgaben

1. Zeichne zwei Quadrate Q_1 und Q_2 mit den Seitenlängen $s_1 = 5{,}0$ cm und $s_2 = 2{,}5$ cm. Konstruiere ein drittes Quadrat, dessen Flächeninhalt
   a) so groß ist wie die Summe der Flächeninhalte von Q_1 und Q_2,
   b) so groß ist wie die Differenz der Flächeninhalte von Q_1 und Q_2.

2. Zeichne ein Quadrat Q_1 mit der Seitenlänge $s_1 = 2{,}8$ cm.
   a) Konstruiere ein zweites Quadrat Q_2, das einen doppelt so großen Flächeninhalt wie Q_1 besitzt. Miss die Seitenlänge von Q_2. Kontrolliere die Genauigkeit deiner Konstruktion, indem du s_2 rechnerisch auf zwei Nachkommastellen genau bestimmst und diesen Wert mit dem Messergebnis vergleichst.
   b) Konstruiere nun ein drittes Quadrat Q_3, dessen Flächeninhalt dreimal so groß wie der von Q_1 ist. Verfahre weiter wie in a).

1 Der Satz des Pythagoras

3.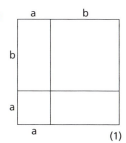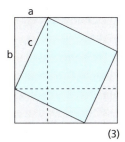

(1) (2) (3)

a) In ein Quadrat werden zwei zu den Seiten parallele Strecken so eingezeichnet, wie es in (1) zu sehen ist. Beschreibe die entstandenen Teilflächen.

b) Die beiden Rechtecke werden durch jeweils eine Diagonale weiter zerlegt (2). Zeige, dass vier kongruente rechtwinklige Dreiecke vorhanden sind.

c) Danach werden diese vier Dreiecke so angeordnet, wie es (3) zeigt. Beweise: Das Innenviereck ist ein Quadrat mit der Seitenlänge c.

d) Welche Gedanken fehlen noch, damit die bisherigen Überlegungen zu einem Beweis des Satzes von Pythagoras führen?

4. a) Die Abbildung zeigt, wie man der Reihe nach $\sqrt{2}, \sqrt{3}, \sqrt{4}, \ldots$ zeichnerisch bestimmen kann. Erläutere die Abbildung.

b) Lege selbst eine „Wurzelspirale" an, führe sie bis $\sqrt{6}$ fort. Überprüfe deine Messergebnisse mit einem TR.

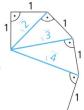

5. Aus der Zeit vor Christi Geburt ist überliefert: Knüpft man in ein Seil im gleichen Abstand voneinander insgesamt 13 Knoten, dann kann man mit diesem Seil ein rechtwinkliges Dreieck legen. Nennt man den Abstand zwischen zwei benachbarten Knoten eine „Knotenlänge" (kl), dann sind die Seitenlängen dieses Dreiecks 3 kl, 4 kl und 5 kl. Beweise, dass ein rechter Winkel vorhanden ist.

Das Zahlentripel 3, 4, 5 nennt man **pythagoreische Zahlen**, weil $3^2 + 4^2 = 5^2$ ist. *Tipp*

6. a) Zeige: Auch 5, 12, 13 und 7, 24, 25 sind pythagoreische Zahlen.

b) Setzt man in die Gleichungen $a = 2x + 1$, $b = 2x^2 + 2x$, $c = 2x^2 + 2x + 1$ für x natürliche Zahlen ein, erhält man mit a, b, c stets pythagoreische Zahlen. Zeige dies, indem du für x die Zahl 4 (5, 6) einsetzt.

c) Noch einfacher ist die Konstruktion von pythagoreischen Zahlen, die man Platon zuschreibt: $a = 2x$, $b = x^2 - 1$, $c = x^2 + 1$. Beweise, dass pythagoreische Zahlen entstehen, wenn man x durch eine natürliche Zahl ≥ 1 ersetzt.

2 Streckenlängen berechnen

Beispiel

Eine Feuerwehrleiter ist drehbar auf einem Fahrzeug montiert. Die Männer sollen Menschen aus einem Haus retten, die aus einem Fenster um Hilfe winken. Die Fensterbank befindet sich 11,60 m über Grund. Auf welche Länge muss die Leiter ausgefahren werden?

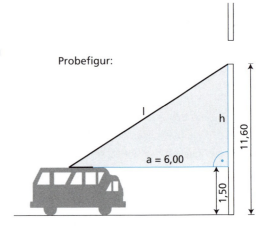

Probefigur:

Lösung

Ansatz: In dem grau unterlegten Dreieck sind die Katheten gegeben, nämlich der Abstand a = 6,00 m und die Höhe h = 11,60 m − 1,50 m = 10,10 m.
Die Leiterlänge l lässt sich berechnen: $l^2 = a^2 + h^2 \Rightarrow l = \sqrt{a^2 + h^2}$

Rechnung

$l = \sqrt{(6{,}00\ m)^2 + (10{,}10\ m)^2} = \sqrt{36{,}00\ m^2 + 102{,}01\ m^2} = \sqrt{138{,}01\ m^2}$
$\approx 11{,}7478\ m$, gerundet: $l = 11{,}75\ m$.

Antwort: Die Leiter muss auf eine Länge von 11,75 m ausgefahren werden.

Aufgaben

7. In einem rechtwinkligen Dreieck ABC mit γ = 90° sind gegeben:
   a) a = 4,3 cm; b = 5,1 cm;
   b) a = 3,2 cm; c = 6,4 cm;
   c) b = 4,4 cm; c = 6,6 cm.
   Berechne die fehlende Seitenlänge.
   Tipp: Lege zuerst eine Probefigur an und hebe darin die gegebenen Stücke hervor.

Probefigur zu c)

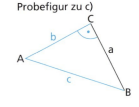

8. Führe Längenberechnungen in einem gleichschenkligen Dreieck ABC durch.
   a) Gegeben sind a = 6,2 cm; c = 4,0 cm.
      Berechne die Länge von h.
   b) Gegeben sind: a = 5,7 cm; h = 5,0 cm.
      Berechne die Länge von c.
   c) Gegeben sind: c = 3,6 cm; h = 5,0 cm.
      Berechne die Länge von a.

Probefigur zu b)

2 Streckenlängen berechnen

9. Es sind die Seitenlängen von vier Dreiecken gegeben. Sind diese Dreiecke rechtwinklig?

	a)	b)	c)	d)
a	6,0 cm	10 mm	24 m	280 mm
b	8,0 cm	24 mm	70 m	960 mm
c	10,0 cm	26 mm	75 m	1 020 mm

10. Berechne die Länge der Diagonalen d in einem Quadrat ABCD mit der Seitenlänge s.
   a) s = 5,0 cm   b) s = 6,4 cm   c) Leite eine Formel für d her.

11. Für eine Raute ABCD sind die Längen der Diagonalen e = $\overline{AC}$ und f = $\overline{BD}$ bekannt. Berechne die Länge der Rautenseite.
   a) e = 6,8 cm; f = 4,2 cm
   b) e = 3,6 cm; f = 6,2 cm
   c) e = 4,8 cm; f = 4,8 cm
   Konstruiere anschließend die Raute, miss eine Rautenseite und vergleiche das Mess- mit dem Rechenergebnis.

Probefigur

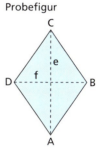

12. Untersuche die Quadrate Q_1, Q_2, Q_3 und Q_4. Die Längen ihrer Diagonalen sind bekannt: d_1 = 4,24 cm; d_2 = 5,66 cm; d_3 = 7,07 cm; d_4 = 8,49 cm. Gib die Längen der Quadratseiten auf mm genau an.

13. Abstände von Punkten im Koordinatensystem:
   a) Berechne den Abstand der Punkte P(3|4), Q(4|3) und R(–2|5) vom Ursprung (0|0).
   b) Zeige, dass für den Abstand zweier Punkte P (x_P|y_P) und Q (x_Q|y_Q) gilt:
      d(P, Q) = $\sqrt{(x_Q - x_P)^2 + (y_Q - y_P)^2}$.
   c) Berechne den Abstand zwischen den Punkten P und Q. Gegeben
      (1) P (2|1) und Q (5|5),
      (2) P (–2|–2) und Q (3|3),
      (3) P (4|–2) und Q (–1|2).

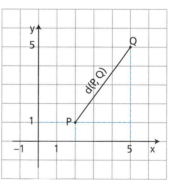

zu c) (1)

3 Kathetensatz und Höhensatz

Kathetensatz
In einem rechtwinkligen Dreieck besitzt das Quadrat über einer Kathete den gleichen Flächeninhalt wie das aus der Hypotenuse und dem zugehörigen Hypotenusenabschnitt gebildete Rechteck.

$$b^2 = c \cdot q \qquad a^2 = c \cdot p$$

Höhensatz
In einem rechtwinkligen Dreieck besitzt das Quadrat über der Höhe den gleichen Flächeninhalt wie das aus den beiden Hypotenusenabschnitten gebildete Rechteck.

$$h^2 = p \cdot q$$

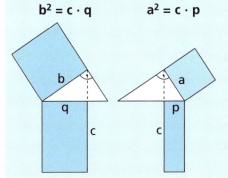

Beispiel

Konstruiere ein Quadrat, das den gleichen Flächeninhalt wie das Rechteck mit den Seiten a = 4,0 cm und b = 1,4 cm besitzt.

Lösung
Ansatz: Kathetensatz anwenden.

Konstruktion: Zeichne ein Rechteck mit den Seitenlängen 4,0 cm und 1,4 cm. Verlängere die obere Rechteckseite auf 4,0 cm, wähle diese Strecke als Hypotenuse eines Dreiecks ABC und damit 1,4 cm als zugehörigen Hypotenusenabschnitt. Zeichne über $\overline{AB}$ den Thaleskreis. Dieser schneidet die Verlängerung der linken Rechteckseite im Punkt C. Verbinde C mit A und B. Die Kathete $\overline{BC}$ des Dreiecks ABC ist die gesuchte Quadratseite.

Antwort: Das Quadrat über $\overline{BC}$ ist flächeninhaltsgleich zum gegebenen Rechteck.

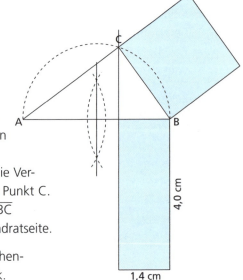

3 Kathetensatz und Höhensatz

Aufgaben

14. Führe die Verwandlung des Rechtecks mit a = 4 cm und b = 1,4 cm (Beispiel auf der vorigen Seite) in ein flächeninhaltsgleiches Quadrat aus
a) mithilfe von $b^2 = c \cdot q$,
b) mithilfe des Höhensatzes.
c) Miss jeweils die Länge der Quadratseite.
d) Berechne ihre Länge mithilfe des Höhensatzes und vergleiche die Messergebnisse mit dem Rechenergebnis.

15. Berechne die fehlenden Längen in einem rechtwinkligen Dreieck ABC mit γ = 90°. Kontrolliere deine Rechnungen, indem du zum Schluss im Teildreieck ADC den Satz des Pythagoras anwendest.

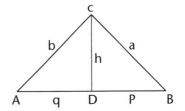

	a)	b)	c)	d)	e)
a	4,8 cm	4,2 cm	3,60 cm		
b	6,4 cm				
c		7,0 cm			
p			3,11 cm	3,0 cm	
q				2,0 cm	4,5 cm
h					3,0 cm

Tipp: Überlege zuerst, in welcher der Grundgleichungen für die Flächensätze am rechtwinkligen Dreieck die beiden gegebenen Größen auftreten. Berechne die dritte Größe, usw.

16. Konstruiere ein rechtwinkliges Dreieck, in dem eine Kathete die Länge
a) $\sqrt{10}$ cm b) $\sqrt{12}$ cm c) $\sqrt{18}$ cm d) $\sqrt{20}$ cm besitzt.
Prüfe die Genauigkeit deiner Konstruktion, indem du den Wurzelwert mit dem Taschenrechner bestimmst.

Tipp: Nach dem Kathetensatz ist $a^2 = c \cdot p$. Wählst du ein Produkt aus c und p so, dass $c \cdot p = 10\ cm^2$ ergibt, dann ist $a = \sqrt{10}$ cm.

17. Konstruiere ein rechtwinkliges Dreieck, in dem die Höhe
a) $\sqrt{8}$ cm b) $\sqrt{10}$ cm c) $\sqrt{15}$ cm lang ist.

Tipp: Du musst p und q passend wählen – und an den Thales-Kreis denken.

4 Anwendungen

Aufgaben

18. Ein gleichseitiges Dreieck hat eine Seitenlänge von s = 4,8 cm.
   a) Konstruiere es und den Radius des Umkreises. Zeichne den Umkreis.
   b) Berechne die Länge des Umkreisradius und prüfe die Genauigkeit deiner Konstruktion.

19. Berechne die Länge der fehlenden Seite bzw. die Höhe in einem gleichschenkligen Trapez.
   a) a = 6,0 cm; b = 4,0 cm; c = 3,0 cm
   b) a = 5,6 cm; b = 3,6 cm; h = 3,0 cm
   c) a = 5,2 cm; c = 3,2 cm; h = 3,0 cm

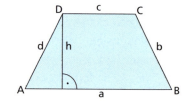

20. Ein gerades Straßenstück von 40,00 m Länge steigt um 2,00 m an.
   a) Wie lang ist die Projektion der Straße auf der Waagerechten?
   b) Wie lang ist das Bild der Straße auf einer Karte im Maßstab 1 : 1 000?

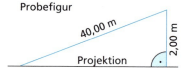

Probefigur

21. Beweise: In einem Würfel mit der Kantenlänge a gilt:
   a) Die Länge einer Flächendiagonalen beträgt $d = a\sqrt{2}$.
   b) Die Länge einer Raumdiagonalen beträgt $d^* = a\sqrt{3}$.

Tipp: Zeichne als Probefigur das Schrägbild eines Würfels.

22. Berechne die Länge einer Raumdiagonalen eines Quaders mit den Kantenlängen a = 3,8 cm; b = 4,4 cm; c = 5,2 cm.

23. In einer geraden quadratischen Pyramide sind die Grundkanten a = 5,0 cm lang. Die Körperhöhe beträgt h_k = 6,0 cm. Berechne
   a) die Länge einer Seitenkante s,
   b) die Länge der Höhe h_s einer Seitenfläche.

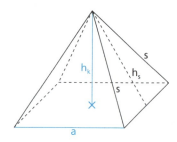

Probe-Klassenarbeit (Bearbeitungszeit: 120 Min.)

1. Berechne die fehlenden Seitenlängen.
   a) Rechtwinkliges Dreieck mit a = 3,8 cm und b = 4,8 cm
   b) Gleichschenkliges Dreieck mit a = b = 4,7 cm und h_c = 4,0 cm
   c) Rechteck mit a = 4,6 cm und e = f = 5,2 cm
   d) Raute mit e = 4,8 cm und f = 3,2 cm

2. Zeichne in ein Koordinatensystem die Punkte P(−2|1), Q(3|1) und R(0|4). Verbinde sie zu einem Dreieck.
   a) Berechne die Abstände dieser Punkte vom Ursprung (0|0).
   b) Berechne die Seitenlängen des Dreiecks.
   c) Ist das Dreieck rechtwinklig? Rechne nach.

3. Leite eine Formel zur Berechnung der Länge einer Raumdiagonalen her. Zeichne Schrägbilder als Probefiguren.
   a) Quader mit den Kantenlängen a, b und c
   b) Quadratische Säule mit der Grundkantenlänge a und der Körperhöhe h

4. Konstruiere zu einem Rechteck ABCD mit a = 3,2 cm und b = 2,0 cm ein flächeninhaltsgleiches Quadrat.
   a) Mithilfe des Kathetensatzes   b) Mithilfe des Höhensatzes
   Kontrolliere deine Zeichengenauigkeit, indem du die Länge der Quadratseite berechnest.

5. Ein Sendemast ist 208 Meter hoch und auf halber Höhe durch vier Stahlseile abgespannt. Die vier Erdanker der Seile bilden ein Quadrat von 180 Meter Seitenlänge. Wie lang ist ein Stahlseil? Vernachlässige die Dicke des Mastes und auch die des Stahlseils.

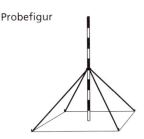

Probefigur

K Raumgeometrie

1 Lagebeziehungen im Raum

Zwei Geraden im Raum können
- zueinander parallel sein (g ∥ h),
- sich schneiden (g schneidet a),
- zueinander windschief sein
  (b ist windschief zu a, g und h).

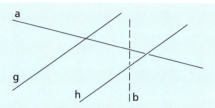

Zwei **Ebenen im Raum** können zueinander parallel sein (1) oder sich schneiden (2). Im Sonderfall (3) sind die Ebenen zueinander senkrecht.

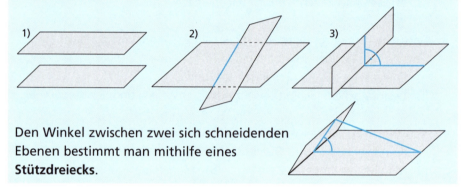

Den Winkel zwischen zwei sich schneidenden Ebenen bestimmt man mithilfe eines **Stützdreiecks**.

Beispiel In dem abgebildeten Dreikantprisma gilt zum Beispiel:
- Die Kanten $\overline{AD}$, $\overline{BE}$ und $\overline{CF}$ sind zueinander parallel.
- Die Gerade durch A und D schneidet die Gerade durch A und C.
- Die Gerade AD ist windschief zu BC.
- Die Fläche ABC ist parallel zur Fläche DEF.

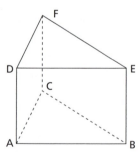

Aufgaben

1. a) Zeichne in das Dreikantprisma die Flächendiagonalen $\overline{AF}$ und $\overline{CE}$ ein. Wie liegen ihre Trägergeraden AF und CE zueinander?
   b) Wie liegen die Diagonalen $\overline{BF}$ und $\overline{CE}$ zueinander?

2. Betrachte das Schrägbild eines Würfels. Unter welchem Winkel schneidet die farbig hervorgehobene Schnittebene die Ebene, in der
   a) die Grundfläche, b) die rechte Seitenfläche liegt?

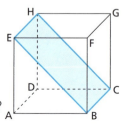

2 Schrägbilder

Eine ebene Figur bzw. ein Körper wird durch schräg einfallende Projektionsgeraden in ein **Schrägbild** abgebildet. Die Zeichenebene E' bezeichnet man auch als **Tafel**.
Liegt eine Originalstrecke zur Tafel parallel, dann erscheint sie im Schrägbild in wahrer Länge (Bild 1). Dagegen wird eine Strecke, die nicht zur Tafel parallel liegt verkürzt oder verlängert (Bild 2). In beiden Fällen bleiben Teilungsverhältnisse erhalten.

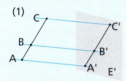 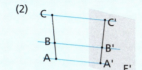 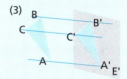

Eine ebene Figur, die zur Tafel parallel liegt, erscheint im Schrägbild in wahrer Gestalt und Größe (Bild 3).

- Wie man Schrägbilder in „Kavalierperspektive" zeichnet: Vorderansichten werden in Originalgröße oder maßstabsgerecht gezeichnet.
- Tiefenkanten bzw. Tiefenstrecken werden unter 45° abgetragen und auf die Hälfte verkürzt.
- Verdeckte Kanten werden gestrichelt gezeichnet.

Zeichne das Schrägbild eines Quaders (a = 2,5 cm, b = 2,0 cm, c = 1,5 cm). *Beispiel 1*

Lösung
Entwickle das Schrägbild aus der Frontfläche.
Die vordere und die hintere Fläche des Quaders (also die Rechtecke mit den Längen a und c) sollen parallel zur Tafel liegen.
1. Schritt: Zeichne die Vorderfläche (Frontfläche) in wahrer Größe.
2. Schritt: Trage die Tiefenkanten (mit der Länge b) unter 45° in halber Länge (also mit 1,0 cm) ab.
3. Schritt: Ergänze die Kanten der hinteren Fläche.
Beachte: Der Quader wird von oben rechts aus betrachtet.

  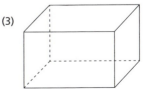

K Raumgeometrie

Beispiel 2 Zeichne eine quadratische Pyramide im Schrägbild (Grundkanten = 2,4 cm, Körperhöhe = 2,0 cm).

Lösung
Bei Spitzkörpern entwickelst du das Schrägbild am besten aus der Grundfläche.
1. Schritt: Zeichne ein Quadrat mit einer Seite parallel zur Tafel und „verschräge" es.
2. Schritt: Bestimme den Höhenfußpunkt und zeichne die Körperhöhe in wahrer Größe ein. Du erhältst die Spitze der Pyramide im Schrägbild.
3. Schritt: Ergänze die Seitenkanten.
Beachte: Die Pyramide wird von rechts oben aus betrachtet.

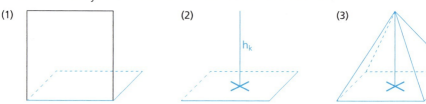

Aufgaben

3. Stelle ausgewählte Körper im Schrägbild dar.
  a) Würfel mit der Kantenlänge 3,2 cm
  b) Quadratische Säule (Grundkanten = 2,4 cm, Körperhöhe = 3,6 cm)
  c) Prisma mit einem gleichseitigen Dreieck als Grundfläche (Grundkanten = 3,3 cm, Körperhöhe = 4,8 cm)
  Tipp zu c): Entwickle das Schrägbild aus der Grundfläche.

4. Ein Prisma besitzt ein gleichschenkliges Trapez mit den Maßen a = 4,2 cm; c = 3,2 cm und h_a = 2,0 cm als Grundfläche. Seine Körperhöhe misst 4,5 cm.
  a) Entwickle ein Schrägbild aus der Frontfläche.
  b) Entwickle ein Schrägbild aus der Grundfläche.

▲ **5.** Eine dreiseitige Pyramide mit vier gleich langen Kanten ist ein **Tetraeder**. Die Grundfläche und die Seitenflächen sind kongruente gleichseitige Dreiecke.
  a) Entwickle ein Schrägbild eines Tetraeders mit den Kantenlängen a = 3,6 cm aus der Grundfläche.
  Tipp: Die Körperhöhe im Tetraeder beträgt $h_k = \frac{a}{3}\sqrt{6}$.
  b) Berechne die Länge einer Flächenhöhe und bestätige die im Tipp mitgeteilte Formel für die Körperhöhe eines Tetraeders.

3 Zylinder

Ein gerader Kreiszylinder (kurz: **Zylinder**) hat als Grund– bzw. Deckfläche zwei parallele und kongruente Kreise. Der Abstand der zugehörigen parallelen Ebenen ist die **Höhe** des Zylinders.
Der Mantel des Zylinders ist ein Rechteck.   **M = 2πr · h**

Volumen eines Zylinders = Grundfläche · Höhe: **V = G · h = πr² · h**

Oberflächeninhalt eines Zylinders = 2 · Grundfläche + Mantelfläche
O = 2πr² + 2πr · h = 2πr(r + h)

Beispiel

Zeichne eine Probefigur für einen Zylinder mit r = 1,4 cm und h = 4,2 cm. Berechne sein Volumen, seine Mantelfläche und den Oberflächeninhalt.

Lösung
Probefigur: Grundfläche und Deckfläche
erscheinen im Schrägbild als Ellipsen.
Rechnungen:
 V = πr² · h = π · (1,4 cm)² · 4,2 cm ≈ **25,86 cm³**
 M = 2πr · h = 2π · 1,4 cm · 4,2 cm ≈ **36,95 cm²**
 O = 2πr(r + h) = 2π · 1,4 cm · (1,4 cm + 4,2 cm)
   ≈ **49,26 cm²**

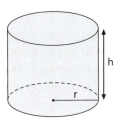

Aufgaben

6. Berechne die fehlenden Größen eines Zylinders.

	a)	b)	c)	d)
Radius r	2,0 cm			5,0 cm
Höhe h	3,0 cm	3,5 dm	16,0 m	
Mantelfläche M		22,0 dm²		
Oberflächeninhalt O				377,0 cm²
Volumen V			3 217,0 m³	

7. Ein zylindrisches Gefäß fasst genau 1 Liter. Wandstärke = 3 mm.
   a) Es hat einen Innendurchmesser von 10 cm. Berechne h.
   b) Es hat eine Innenhöhe von 10 cm. Berechne den Innenradius und den Gefäßradius.

Tipp: 1 Liter = 1 000 cm³

8. Aus einem rechteckigen Stück Blech (15,0 cm zu 25,0 cm) kann man auf zwei Arten den Mantel eines zylindrischen Gefäßes herstellen.
   a) Vergleiche die beiden Volumen. Du darfst die Stärke des Gefäßmantels vernachlässigen.
   b) Wie lautet die entsprechende Formel, wenn die Seitenlängen des ursprünglichen Rechtecks a und b heißen?

9. Ein Bleizylinder (Durchmesser 8,0 cm, Höhe 9,0 cm) wird geschmolzen. Das geschmolzene Blei wird in Hohlzylinder gegossen, die einen Innendurchmesser von 2 cm und eine Höhe von 3 cm haben. Wie viele Hohlzylinder werden gefüllt?

10. Ein Zylinder hat einen Durchmesser von 4 cm, die Grundkanten einer quadratischen Säule sind 3 cm lang. Beide Körper sind 6 cm hoch. Vergleiche die Volumen der beiden Körper.

11. Aus einem Holzbalken (3,75 m lang, quadratischer Querschnitt von 20 cm mal 20 cm) soll eine möglichst große Holzsäule mit kreisförmigem Querschnitt herausgefräst werden.
    a) Wie schwer ist die Säule, wenn das verwendete Holz eine Dichte von 2,74 g/cm³ besitzt?
    b) Gib den Abfall in Prozent des Balken-Volumens an.

12. Ein Kubikzentimeter-Silberwürfel soll als Zylinder umgegossen werden.
    a) Der Radius der Grundfläche soll 4 mm betragen.
    b) Der Zylinder soll 1 cm hoch werden.

▲13. Berechne das Volumen und die Oberfläche des Rings.
    a) $r_i = 4{,}0$ cm, $r_a = 6{,}0$ cm, $h = 1{,}0$ cm
    b) $r_i = 1{,}2$ cm, $r_a = 1{,}8$ cm, $h = 0{,}8$ cm

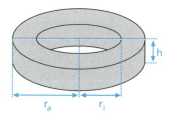

▲14. Wie viel Kilogramm wiegt der laufende Meter eines Wasserrohres (Dichte des Gusseisens = 7,24 g/cm³) mit einem äußeren Durchmesser von 55 cm und einer Wandstärke von 2 cm?

L Zufall und Wahrscheinlichkeit

1 Zufallsexperimente

- Vor dem Experiment kann man die möglichen **Ergebnisse** angeben. Bei seiner Durchführung wird genau eins davon eintreten.
- Man kann nicht vorhersagen, welches Ergebnis eintritt. Das ist dem **Zufall** überlassen.
- Man kann das Zufallsexperiment beliebig oft wiederholen.
- Die **Wahrscheinlichkeit**, mit der ein bestimmtes Ergebnis bei einem Zufallsexperiment eintritt, kann man mithilfe der relativen Häufigkeit schätzen, wenn man das Experiment sehr oft wiederholt.
- Die Summe der Wahrscheinlichkeiten aller möglichen Ergebnisse eines Zufallsexperiments muss 1 bzw. 100 % sein.

Beispiel

Sophie und Jonas würfeln mit zwei Spielwürfeln, Sophie nimmt den grünen, Jonas den weißen. Sie würfeln beide genau einhundert mal, halten ihre Ergebnisse in Strichlisten fest und tragen die Häufigkeiten dann in eine Tabelle ein.

Ergebnis	absolute H. S.	absolute H. J.	relative H. S.	relative H. J.
1	21	15	0,21	0,15
2	16	18	0,16	0,18
3	18	16	0,18	0,16
4	17	17	0,17	0,17
5	16	16	0,16	0,16
6	12	18	0,12	0,18
Summe	100	100	1,00	1,00

Sophie findet, dass da etwas nicht stimmt: „Die 6 kam bei mir doch zu selten. Bei einem richtigen Würfel müssten die einzelnen Augenzahlen doch etwa gleich oft auftreten – wie bei Jonas". Das wollen die beiden näher untersuchen, würfeln abwechselnd jeder 100mal mit dem grünen Würfel und stellen fest, wie oft sie insgesamt eine 6 würfelten.

Anzahl der Versuche	100	200	300	400	500	600	700
Absolute H. von 6	12	23	34	46	58	69	81
Relative H. von 6	0,12	0,115	0,113	0,115	0,116	0,115	0,1157

Die Wahrscheinlichkeit, mit dem grünen Würfel eine 6 zu würfeln, beträgt rund 11,6 %. Bei einem fairen Spielwürfel würde sie etwa 16,7 % betragen.

Aufgabe

1. Sind dies Zufallsexperimente?
   a) Aus einem gut gemischten Skatblatt wird eine Karte gezogen.
   b) Der Computer wird eingeschaltet.
   c) Mit einem Spielwürfel würfeln.

L Zufall und Wahrscheinlichkeit

Bei manchen Zufallsexperimenten sind die möglichen Ergebnisse gleich wahrscheinlich. Bei diesen **Laplace-Experimenten** kann man die Wahrscheinlichkeit eines bestimmten Ergebnisses berechnen und braucht keine langen Versuchsreihen, um sie zu bestimmen.

Ein **Ereignis E** wird durch die Menge der zu ihm gehörenden Ergebnisse festgelegt. **Summenregel**: Man bestimmt die Wahrscheinlichkeit P eines Ereignisses, indem man die Wahrscheinlichkeiten der zu E gehörenden Ergebnisse addiert.
Das **Gegenereignis $\bar{E}$** enthält alle Ergebnisse, die nicht zu E gehören.

Aufgaben

2. Von 1000 beliebig herausgegriffenen Glühlampen brannten im Dauertest nach 5000 Stunden (h) noch 900 Lampen, nach 6000 h noch 700 Lampen, nach 7000 h noch 500 Lampen und nach 10000 h noch 10 Lampen.
 a) Wie groß ist die Wahrscheinlichkeit, dass eine Glühlampe nach 5000 h (6000 h, 7000 h, 10000 h) noch funktioniert?
 b) Frau Dolder schraubt am 1. Januar 11 neue Glühlampen in ihren Kronleuchter. Das Licht brennt bei ihr durchschnittlich 10 Stunden am Tag. Schätze, wie viele dieser Glühlampen genau 2 Jahre später noch brennen.

3. Es wird mit einem idealen Würfel geworfen.
 a) Wie groß ist die Wahrscheinlichkeit, eine 6 zu würfeln?
 b) Wie groß ist die Wahrscheinlichkeit, eine Augenzahl zu werfen, die größer als 4 ist?
 c) Wie groß ist die Wahrscheinlichkeit, eine gerade Zahl zu werfen?

4. Wie groß ist die Wahrscheinlichkeit, dass bei diesem Glücksrad der Zeiger nach dem Drehen
 a) auf der Zahl 1,
 b) auf der Zahl 3,
 c) auf der Zahl 6,
 d) auf einer ungeraden Zahl stehen bleibt?

5. Bei der Endkontrolle wiesen von 8000 Fernsehgeräten 25 Mängel auf.
 a) Wie groß ist die Wahrscheinlichkeit, dass ein zufällig ausgewähltes Gerät voll funktionstüchtig ist?
 b) Im nächsten Produktionszeitraum werden 5000 Fernseher hergestellt. Schätze, wie viele davon Mängel aufweisen werden

2 Mehrstufige Zufallsexperimente und Pfadregeln

Ein Zufallsexperiment, wie das einmalige Werfen eines Würfels, wird auch als einstufiges Experiment bezeichnet. Andere Versuche hingegen bestehen aus mehreren Stufen oder können in Gedanken in mehrere Stufen aufgeteilt werden.
Zu solchen **mehrstufigen Zufallsexperimenten** zählen z. B. das mehrfache Werfen eines Würfels oder auch das gleichzeitige Werfen mehrerer Würfel.
Zur Veranschaulichung eines mehrstufigen Zufallsexperiments eignet sich oftmals ein **Baumdiagramm**. Hier gehört zu jedem Ergebnis des Zufallsexperiments genau ein **Pfad**. Bei der Berechnung von Wahrscheinlichkeiten helfen die **Pfadregeln**:
(1) Du erhältst die Wahrscheinlichkeit eines Pfads (eines Ergebnisses), indem du **die Wahrscheinlichkeiten entlang dieses Pfads multiplizierst.**
(2) Gehören zu einem Ereignis mehrere Pfade (mehrere Ergebnisse), so musst du **die Wahrscheinlichkeiten dieser Pfade addieren,** um die Wahrscheinlichkeit des Ereignisses zu berechnen.

Beispiel

Aus der Urne werden – ohne hinzusehen – nacheinander drei Kugeln ohne Zurücklegen gezogen und in dieser Reihenfolge nebeneinander zu einem „Wort" zusammengelegt.

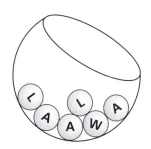

Zunächst zeichnen wir für dieses mehrstufige Zufallsexperiment ein Baumdiagramm. Dazu überlegen wir folgendes: Die erste gezogene Kugel kann mit einem A, W oder L beschriftet sein, deshalb gibt es in der ersten Stufe des Baumdiagramms drei Verzweigungen. In der zweiten Stufe gibt es nach einem A oder L wieder je drei Verzweigungen, nach dem W gibt es aber nur noch zwei Verzweigungen, denn dann sind nur noch Kugeln mit A oder L in der Urne. Das Baumdiagramm hat insgesamt 19 Pfade. Daraus können wir schließen, dass es insgesamt 19 verschiedene Ergebnisse gibt.

Damit das Wort AAL entsteht, muss die erste gezogene Kugel ein A tragen. Dies geschieht mit einer Wahrscheinlichkeit von $\frac{3}{6} = \frac{1}{2}$, denn unter den sechs Kugeln sind drei mit einem A. Die zweite gezogene Kugel muss wieder ein A tragen.

L Zufall und Wahrscheinlichkeit

Die Wahrscheinlichkeit dafür beträgt $\frac{2}{5}$, denn unter den fünf verbliebenen Kugeln sind noch zwei mit A beschriftet. Die Wahrscheinlichkeit dafür, dass die dritte Kugel ein L trägt, beträgt $\frac{2}{4} = \frac{1}{2}$. Insgesamt ergibt sich damit nach Regel (1):
P(AAL) = $\frac{1}{2} \cdot \frac{2}{5} \cdot \frac{1}{2} = \frac{1}{10}$.

Mit ähnlichen Überlegungen erhält man: P(WAL) = $\frac{1}{6} \cdot \frac{3}{5} \cdot \frac{1}{2} = \frac{3}{60} = \frac{1}{20}$.

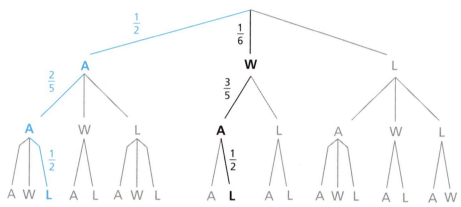

Aufgaben

6. Im Beispiel kann auch das Wort ALL gezogen werden.

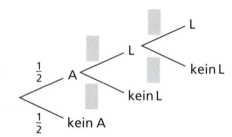

  a) Ergänze in dem **verkürzten Baumdiagramm** die fehlenden Wahrscheinlichkeiten.
  b) Berechne die Wahrscheinlichkeit P(ALL).

7 Betrachte noch einmal die Urne aus dem Beispiel. Wie groß ist die Wahrscheinlichkeit dafür, das Wort ALL zu ziehen, wenn man nach jedem Ziehen die gezogene Kugel zunächst wieder in die Urne legt und alle Kugeln mischt, bevor man eine neue Kugel zieht.

8. Eine Münze wird dreimal nacheinander geworfen und jeweils notiert, ob Kopf (K) oder Zahl (Z) geworfen wurde. Zeichne dafür ein Baumdiagramm.

9. Ermittle mithilfe des Baumdiagramms der vorherigen Aufgabe die Wahrscheinlichkeit dieser Ereignisse.
  a) Mindestens einmal Kopf
  b) Genau zweimal Kopf
  c) Mindestens zweimal Kopf
  d) Dreimal Kopf

10. Eine Schachtel enthält 3 blaue und 5 rote Kugeln. Man zieht nacheinander zwei Kugeln und legt sie ab. Mit welcher Wahrscheinlichkeit sind beide rot?

11. Ein Sportschütze gibt nacheinander drei Schüsse auf eine Scheibe ab. Erfahrungsgemäß trifft er die Scheibe mit einer Wahrscheinlichkeit von 90 %. Dabei soll angenommen werden, dass sich die einzelnen Ergebnisse untereinander nicht beeinflussen.
   a) Zeichne ein Baumdiagramm für diesen Vorgang.
   b) Bestimme die Wahrscheinlichkeit folgender Ereignisse:
      A: Der Schütze trifft die Scheibe genau zweimal.
      B: Der Schütze trifft die Scheibe mindestens zweimal.

12. Der kleine Peter ist wieder einmal auf dem Weg zum Spielplatz. In einer Hosentasche hat er 12 gleich große Murmeln, 6 rote, 4 blaue und 2 gelbe. Er greift hinein und nimmt – ohne hinzusehen – zwei Murmeln aus der Tasche. Mit welcher Wahrscheinlichkeit sind die Murmeln
   a) beide rot
   b) beide von derselben Farbe
   c) gelb und blau
   d) verschiedenfarbig?

13. Sechs Karten, die mit den Buchstaben E, F, N, S, T und T beschriftet sind, werden verdeckt gemischt. Man zieht nacheinander vier Karten und legt sie offen nebeneinander ab. Mit welcher Wahrscheinlichkeit entsteht dabei das Wort
   a) SENF
   b) FEST
   c) TEST ?

14. Ein idealer Würfel wird viermal hintereinander geworfen. Berechne die Wahrscheinlichkeit folgender Ereignisse:
   a) Genau eine Sechs
   b) Genau vier Sechsen
   c) Mindestens eine Sechs
   ▲d) Mindestens zwei Sechsen

▲15. Durch umfangreiche Verkehrszählungen an einer belebten Straße wurde festgestellt, dass unter den vorbeifahrenden Fahrzeugen 60 % PKW sind, 25 % LKW, 10 % Zweiräder und 5 % sonstige Fahrzeuge wie Traktoren usw. Mit welcher Wahrscheinlichkeit sind unter drei vorbeifahrenden Fahrzeugen
   a) drei PKW
   b) zwei PKW und ein LKW
   c) mindestens ein PKW
   d) genau zwei Zweiräder
   e) ein PKW, ein LKW und ein sonstiges Fahrzeug?

Lösungen

B Lineare Funktionen

1.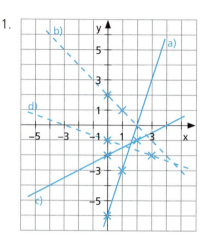

2. **a)** Der Punkt (1|3) liegt auf der zugehörigen Ursprungsgeraden. Also ist m = $\frac{3}{1}$ = 3.
Die Funktionsgleichung heißt y = 3x.

   b) m = $\frac{5}{2}$ = 2,5 ⇒ y = 2,5x

   c) m = −4 ⇒ y = −4x

   d) m = 4 ⇒ y = 4x

3.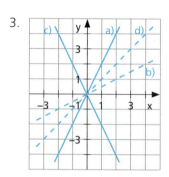

4. Überlege, wie du die Achsen skalieren willst, bevor du mit der Zeichnung anfängst. Bedenke, dass die Benzinmengen auf die x-Achse und die zugehörigen Benzinpreise auf die y-Achse kommen und dass 50 Liter Benzin 80,00 € kosten. Eine Möglichkeit ist: Wähle auf der x-Achse 1 mm für 1 Liter und auf der y-Achse 5 mm für 10 €. Dann wird die Zeichnung übersichtlich.

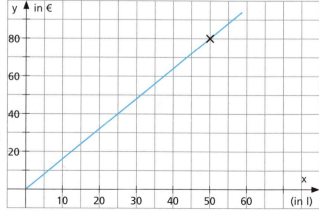

B Lineare Funktionen   zu Seite

5. Setze die x Werte der Punkte in die Geradengleichung ein.   16
   a) $y_1 = 2 + 3 = 5 \Rightarrow P_1(2|5)$; $y_2 = -2 + 3 = 1 \Rightarrow P_2(-2|1)$
   b) $y_1 = 4 \cdot 3 - 4 = 8 \Rightarrow P_1(3|8)$; $y_2 = 4 \cdot (-3) - 4 = -16 \Rightarrow P_2(-3|-16)$

6. Bringe die Gleichungen in die Form
   $y = mx + b$.
   a) $y = \frac{1}{2}x + 2$
   b) $y = -2x + 3$
   c) $y = -4$

   Zeichne dann die Geraden
   mithilfe des Abschnitts auf der
   y-Achse und der Steigung **oder**
   mithilfe eines berechneten
   Punktes und der Steigung
   (siehe Beispiel auf Seite 16).

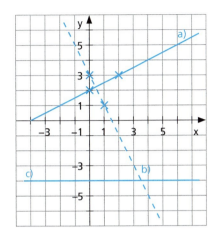

7. a) Der Graph der Funktion besteht   17
      hier aus singulären Punkten, die
      auf der Geraden zu $y = \frac{2}{3}x + 3$
      liegen.
   b) bis d) Die Graphen der
      Funktionen sind parallele
      Geraden.

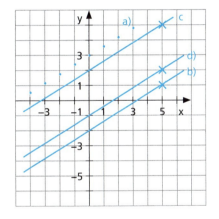

8. Die Graphen der drei
   Funktionen sind Parallelen
   zur x-Achse, in c) ist es
   die x-Achse selbst.

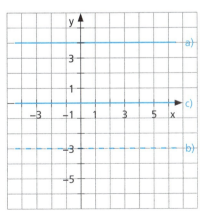

zu Seite   Lösungen

17

9. Der Punkt P (0|3) liegt auf der y-Achse. Es sind also Geraden der Form y = mx + 3 gesucht. Die Steigung m kannst du frei wählen.

10. Aus dem zweiten Satz der Aufgabe folgt, dass b = 3 ist. Also heißt die gesuchte Gleichung y = −1,9x + 3.

11. Es gibt verschiedene Lösungswege!
Zeichnerische Lösung: Du markierst beide Punkte in einem Koordinatensystem, zeichnest die Gerade ein und liest m und b ab.
Rechnerische Lösungen: Du benutzt die Zwei-Punkte-Form und setzt die Koordinaten der Punkte ein. In a) erhältst du dann z. B.:
$y + 2 = \frac{4+2}{2+2}(x + 2)$. Löse nach y auf.
a) $y = \frac{3}{2}x + 1$ b) $y = -\frac{1}{2}x + 1$

12. Aus dem Text folgt unmittelbar: b = 1 und m = 2. Also heißt die gesuchte Gleichung: y = 2x + 1.

▲13. Du musst die Gleichungen äquivalent umformen zu
g_1: y = −2x − 1 g_2: y = 2x + 3 g_3: y = −2x − 4 g_4: y = 2x + 1
g_1 und g_3 bzw. g_2 und g_4 haben die gleiche Steigung, sind jeweils parallel zueinander.

C Lineare Gleichungssysteme mit zwei Variablen

18

1. a) y = x + 2
     y = 2x + 1
   b) $y = \frac{1}{2}x$
     y = 2x − 6
   c) y = x + 1
     y = −2x − 6
   Proben
   a) 3 = 1 + 2   wahr
      2 − 3 = −1   wahr
   b) 4 = 2 · 2   wahr
      8 − 2 = 6   wahr
   c) $-\frac{7}{3} + \frac{4}{3} + 1 = 0$ wahr
      $\frac{14}{3} + \frac{4}{3} - 6 = 0$ wahr

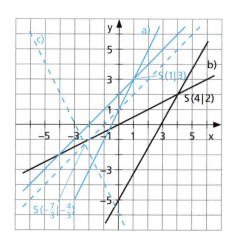

80

C Lineare Gleichungssysteme mit zwei Variablen   zu Seite

d) $y = -\frac{1}{2}x + \frac{1}{2}$
   $y = x + 2$
e) $y = \frac{1}{2}x - 2$
   $y = 3x - 2$
f) $y = \frac{4}{5}x - \frac{1}{2}$
   $y = -\frac{1}{2}x + \frac{11}{4}$

Proben:
d) $-1 + 2 - 1 = 0$ wahr
   $-1 - 1 + 2 = 0$ wahr
e) $-2 = \frac{1}{2} \cdot 0 - 2$ wahr
   $3 \cdot 0 + 2 - 2 = 0$ wahr
f) $\frac{4}{5} \cdot \frac{5}{2} - \frac{3}{2} = \frac{1}{2}$ wahr
   $2\frac{1}{2} + 2 \cdot \frac{3}{2} = 5\frac{1}{2}$ wahr

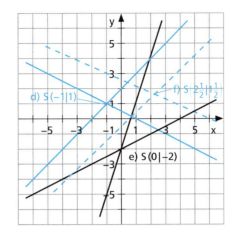

18

2. a) $g_1: y = x - 2$
      $g_2: y = x + 1$

   b) $g_1: y = \frac{2}{5}x - 2$
      $g_2: y = -\frac{1}{5}x - \frac{1}{2}$

   c) $g_1: y = -\frac{5}{4}x - 3$
      $g_2: y = -\frac{5}{4}x - 3$

19

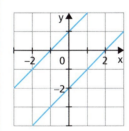 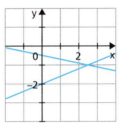 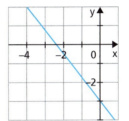

Das LGS hat keine Lösung, denn g_1 und g_2 sind parallel und verschieden.
$L = \{\}$

Das LGS hat genau eine Lösung, denn g_1 und g_2 schneiden einander.
$L = \{(2,5|-1)\}$

Das LGS hat unendlich viele Lösungen, denn g_1 und g_2 sind identisch.
$L = \{(x|y) | y = -\frac{5}{4}x - 3\}$

3. a) $g_1: y = x$ $g_2: y = -2x + 4$ $g_3: y = -2x - 4$
   b) Du kannst die Koordinaten der Schnittpunkte nur näherungsweise ablesen: $S_I(\approx 1{,}3 | \approx 1{,}3)$; $S_{II}(\approx -1{,}3 | \approx -1{,}3)$
      Die Lösungsmengen enthalten also nur genäherte Zahlenwerte!
      $L_I = \{(\approx 1{,}3 | \approx 1{,}3)\}$; $L_{II} = \{(\approx -1{,}3 | \approx -1{,}3)\}$

zu Seite | Lösungen

20

4. a) $L = \{(2|5)\}$ b) $L = \{(1|2)\}$ c) $L = \{(1|1)\}$
   d) $L = \{(14|5)\}$ e) $L = \{(-1|1)\}$ f) $L = \{(\frac{1}{3}|-2)\}$
   g) $L = \{(0|-3)\}$ h) $L = \{\}$ i) $L = \{(-\frac{4}{3}|\frac{1}{3})\}$

   Hinweis zu h): Wenn du beide Gleichungen nach x (oder nach y) auflöst und dann die rechten Seiten gleichsetzt, entsteht eine nicht lösbare Gleichung. Demnach besitzt das LGS keine Lösung.

21

5. a) (2') $x = 2y$ (1') $2 \cdot 2y + 5y = 9$ ... $L = \{(2|1)\}$
   b) (2') $y = 4 - 6x$ (1') $4x + 3(4 - 6x) = 5$ ... $L = \{(\frac{1}{2}|1)\}$
   c) (1') $x = 2y - 6$ (2') $\frac{4}{5}(2y - 6) - \frac{3}{10}y = 3$ ... $L = \{(6|6)\}$

6. a) $xy - 5y - 3x + 15 = xy - 4y - 4x + 16$
      $2x + 2y = 7 + x$
      $\Leftrightarrow$ $\begin{cases} x - y = 1 \\ x + 2y = 7 \end{cases}$
      $L = \{(3|2)\}$

   b) $x^2 + 6x + 9 = x^2 - y$
      $y^2 - 4y + 4 = y^2 + 4x$
      $\Leftrightarrow$ $\begin{cases} 6x + y = -9 \\ x + y = 1 \end{cases}$
      $L = \{(-2|3)\}$

22

7. a) $L = \{(\frac{7}{2}|-1)\}$ b) $L = \{(-1|-1)\}$ c) $L = \{(1|\frac{4}{3})\}$

8. a) $L = \{(-2|2)\}$ b) $L = \{(50|18)\}$ c) $L = \{(-2|2)\}$

23

9. a) $L = \{\}$ b) $L = \{(x|y) | y = \frac{2}{3}x - 2\}$ c) $L = \{(1|-2)\}$
   keine unendlich viele eine Lösung

10. a) $L = \{(\frac{5}{2}|-\frac{1}{2})\}$ b) $L = \{(\frac{2}{7}|\frac{5}{7})\}$

11. a) $L = \{(2|3)\}$ b) $L = \{(-\frac{3}{2}|-5)\}$ c) $L = \{(0|0)\}$

▲12. a) $L = \{(4|\frac{1}{2})\}$ b) $L = \{(-21,2|-12,6)\}$

24

13. Schritt 1: a ... Länge des Rechtecks; b ... Breite des Rechtecks
    Schritt 2: (1) $2a + 2b = 102$ (in cm)
               (2) $a = 2b$ (in cm)
    Schritt 3: Einsetzverfahren liefert $4b + 2b = 102 \Rightarrow b = 17; a = 34$
    Schritt 4: Das Rechteck ist **34 cm lang** und **17 cm breit**.

14. S 1:   a ... Länge eines Schenkels; c ... Länge der Grundseite
    S 2:   (1) $2a + c = 77$ (in cm)
           (2) $a : c = 4 : 3$ (in cm)

C Lineare Gleichungssysteme mit zwei Variablen   zu Seite 24

S 3: Gl. (2) umformen zu $a = \frac{4}{3}c$; in Gl. (1) einsetzen
$\frac{8}{3}c + c = 77 \Rightarrow c = 21$ (cm) $\Rightarrow a = 28$ (cm)

S 4: Die **Schenkel** des Dreiecks sind **28 cm lang**, die **Grundseite** ist **21 cm lang**.

▲15. S 1: Die Länge einer Quadratseite sei x cm.
S 2: Gegenseiten ... x + 3 (cm); Nachbarseiten ... x − 2 (cm)
(1) Flächeninhalt des Quadrats = x^2
(2) Flächeninhalt des Rechtecks = $(x + 3)(x − 2) = x^2$
S 3: Löse Gleichung (2): $x^2 + x − 6 = x^2 \Rightarrow x = 6$ (cm)
S 4: Die **Seiten des Quadrats** sind **6 cm lang**, die **Seiten des Rechtecks** sind **9 cm** und **4 cm lang**.

16. S 1: t... Alter von Tom in Jahren; m... Alter von Marc in Jahren
S 2: t + m = 24 und t + 3 = 1,5 (m + 3)
S 3: Setze t = 24 − m in die 2. Gleichung ein.
S 4: **Tom** ist **15 Jahre alt**, **Marc 9 Jahre**.

17. S 1: x... erste unbekannte Zahl, y... zweite unbekannte Zahl
S 2: x + y = 28 und x − y = 6
S 3: Setze x = 6 + y in die 1. Gleichung ein.
S 4: Die beiden gesuchten Zahlen lauten **17** und **11**.

18. S 1: 1 kg Bananen kostet x €; 1 kg Birnen kostet y €.
S 2: (1) 2x + 3y = 5,70 (in €)
(2) 3x + 4y = 8,00 (in €)
S 3: Lösung nach dem Additionsverfahren
(1') 6x + 9y = 17,10
(2') −6x − 8y = −16,00
(3) y = 1,10 $\Rightarrow$ x = 1,20
S 4: **1 kg Bananen** kostet **1,20 €**; **1 kg Birnen** kostet **1,10 €**.

▲19. S 1: Er mischt x kg 20%ige und y kg 40%ige Salzlösung.
S 2: Es soll 1 kg neue Lösung entstehen: (1) x + y = 1
Für den Alkoholgehalt gilt: (2) 0,20x + 0,40y = 0,25 · 1
S 3: Nach dem Einsetzungsverfahren erhältst du
(3) 0,20(1 − y) + 0,40y = 0,25 $\Rightarrow$ y = 0,25; x = 0,75
S 4: Es müssen **0,75 kg der 20%igen** und **0,25 kg der 40%igen** Salzlösung gemischt werden.

Probe-Klassenarbeit

1. Löse vorab Gl. (1) nach
   y auf: y = x + 4.
   Lies die Koordinaten des
   Schnittpunks ab: S(–2| 2).
   Proben
   Gl. (1): –2 – 2 + 4 = 0   wahr
   Gl. (2): 2 = –(–2)   wahr
   Antwort: L = {(–2| 2)}

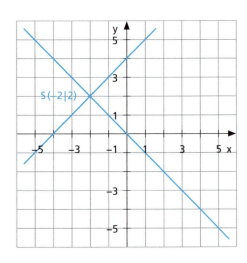

2. a) $L = \left\{\left(1 \mid \frac{1}{2}\right)\right\}$ b) L = {(4,5|0,75)}   c) $L = \left\{\left(-\frac{2}{7} \mid \frac{4}{7}\right)\right\}$

3. a) L = { }   b) $L = \left\{(x|y) \mid y = \frac{2}{3}x - \frac{5}{3}\right\}$ c) L = { }
   keine Lösung   unendlich viele Lösungen   keine Lösung

4. (1) x + y = 99
   (2) x – y = 57   L = {(78|21)}
   Die beiden Zahlen lauten **78** und **21**.

5. S 1:   e … Kosten pro Erwachsenem in €, k … Kosten pro Kind in €
   S 2:   Kostengleichungen: 2e + 2k = 1 640 und 3e + 4k = 2 700
   S 4:   Beim Super-Spar-Tarif zahlt jeder **Erwachsene 580 €**
   und jedes **Kind 240 €**.

6. S 1:   b … Länge der Basis in cm, s .. Länge eines Schenkels in cm
   S 2:   2s + b = 28, b + 5 = s
   S 4:   Die **Basis** ist **6 cm lang**, die zwei **Schenkel** sind je **11 cm lang**.

D Quadratwurzeln – Reelle Zahlen

1. a) 3   b) 2   c) 10   d) 12   e) 7   f) 1   g) 9   h) 13

2. a) $\frac{2}{3}$ b) $\frac{4}{5}$ c) $\frac{1}{6}$ d) $\frac{11}{15}$

3. a) $3 < \sqrt{10} < 4$ und $\sqrt{10} \approx 3{,}16228$
   b) $4 < \sqrt{20} < 5$ und $\sqrt{20} \approx 4{,}47214$
   c) $8 < \sqrt{70} < 9$ und $\sqrt{70} \approx 8{,}36660$
   d) $13 < \sqrt{180} < 14$ und $\sqrt{180} \approx 13{,}41641$

4. a) $\sqrt{400} = 20$; $\sqrt{4} = 2$; $\sqrt{0{,}04} = 0{,}2$; $\sqrt{0{,}0004} = 0{,}02$;
      $\sqrt{0{,}0144} = 0{,}12$; $\sqrt{1{,}44} = 1{,}2$; $\sqrt{144} = 12$; $\sqrt{14400} = 120$

   b) Verschiebt man das Komma beim Radikanden um zwei, vier, sechs, … Stellen nach rechts bzw. links, so verschiebt sich das Komma im Ergebnis um eins, zwei, drei, … Stellen in derselben Richtung.

5. a) 3; 30; 0,3; 0,03   b) 14; 1,4; 140; 0,14

6. Flächeninhalt des Grundstücks: 18 m · 32 m = 576 m²
   Seitenlänge des quadratischen Grundstücks: $\sqrt{576} = 24$ m.
   Ergebnis: Das quadratische Grundstück hat eine Seitenlänge von 24 m.

7. a) 0   b) $10^3 = 1000$ c) $\sqrt{4} = 2$ d) $\sqrt{4 \cdot 9} = \sqrt{36} = 6$

8. Die beiden Ausgangsquadrate haben je einen Flächeninhalt von (1 cm)² = 1 cm². Das neu zusammengesetzte Quadrat hat demnach einen Flächeninhalt von 1 cm² + 1 cm² = 2 cm². Seine Seitenlänge beträgt also $\sqrt{2}$ cm.

▲ 9. Das Quadrat hat eine Seitenlänge von 2 cm und somit einen Flächeninhalt von 4 cm². Ein Vergleich mit Aufgabe 8 zeigt: Ein Quadrat, dessen Seiten so lang sind wie die Diagonale in dem 2 cm-Quadrat, hat einen Flächeninhalt von 4 cm² + 4 cm² = 8 cm². Die eingezeichnete Diagonale hat also eine Länge von $\sqrt{8}$ cm. Durch die Konstruktion wird die Zahl $\sqrt{8}$ markiert.

zu Seite

28

10.

Venn-Diagramm: $-\sqrt{1{,}1}$ (außerhalb ℕ, ℤ, ℚ aber innerhalb ℝ); $\frac{1}{2}$, (-3), $\sqrt{9}$, 9 in verschiedenen Mengen; $\sqrt{3}$ nur in ℝ; $2{,}2^2$ in ℚ; Mengen ℕ ⊂ ℤ ⊂ ℚ ⊂ ℝ.

11. a) rationale Zahlen: $\sqrt{25} = 5$; $-\sqrt{36} = -6$; $2{,}3478$; $4{,}578\overline{32}$
    irrationale Zahlen: $\sqrt{7}$; $-3{,}1010010001\ldots$
    b) $-\sqrt{36} < -3{,}1010010001\ldots < 2{,}3478 < \sqrt{7} < 4{,}578\overline{32} < \sqrt{25}$

29

12.

linke Intervall-grenze	rechte Intervall-grenze	Begründung
3	4	$3 < \sqrt{12} < 4$, denn $3^2 < 12 < 4^2$
3,4	3,5	$3{,}4 < \sqrt{12} < 3{,}5$, denn $3{,}4^2 < 12 < 3{,}5^2$
3,46	3,47	$3{,}46 < \sqrt{12} < 3{,}47$, denn $3{,}46^2 < 12 < 3{,}47^2$
3,464	3,465	$3{,}464 < \sqrt{12} < 3{,}465$, denn $3{,}464^2 < 12 < 3{,}465^2$
3,4641	3,4642	$3{,}4641 < \sqrt{12} < 3{,}4642$, denn $3{,}4641^2 < 12 < 3{,}4642^2$

Ergebnis: $\sqrt{12} \approx 3{,}464$

30

13. 2^2 ist 4 und $\sqrt{4}$ ist **2**.   **0,2**^{2} ist 0,04 und $\sqrt{0{,}04}$ ist **0,2**.
    $(2^2)^2$ ist 16 und $\sqrt{16}$ ist 4 = 2^2
    $(\sqrt{2})^2$ ist 2 und Wurzel aus 2 ist $\sqrt{2}$
    $(\sqrt{0{,}4})^2$ ist 0,4 und Wurzel aus 0,4 ist $\sqrt{0{,}4}$

14. a) 10   b) 0,1   c) 10   ▲ d) 100   e) 1
    f) $\sqrt{-1}$ ist nicht definiert   ▲ g) 2,5   ▲ h) $\sqrt{-1}$ ist nicht definiert

15. a) =   b) ≠   c) =   d) =   e) ≠   f) =

16. a) L = {−9; 9}   b) L = {−12; 12}   c) L = { }
    d) L = {−5; 5}   e) L = {−4; 4}   f) L = { }
    g) L = {−$\sqrt{17}$; $\sqrt{17}$}   b) L = {−3; 3}

D Quadratwurzeln – Reelle Zahlen   zu Seite

17. a) $\sqrt{2 \cdot 32} = 8$ b) $\sqrt{8 \cdot 2} = 4$ c) $\sqrt{4} = 2$ d) $\sqrt{400} = 20$ 31
    e) $\sqrt{0} = 0$ f) $\sqrt{144} = 12$ g) $\sqrt{\frac{9}{16}} = \frac{3}{4}$ h) $\sqrt{\frac{81}{100}} = \frac{9}{10}$

18. a) $\sqrt{\frac{18}{2}} = \sqrt{9} = 3$ b) $\sqrt{25} = 5$ c) $\sqrt{4} = 2$ d) $\sqrt{9} = 3$

19. a) $\frac{\sqrt{36}}{\sqrt{225}} = \frac{6}{15} = \frac{2}{5}$ b) $\sqrt{16} = 4$ c) $\sqrt{\frac{1}{3} \cdot 15 \cdot 5} = 5$ d) $\sqrt{36} = 6$

20. a) Es muss gelten $2x + 8 \geq 0$. Also ist $D = \{x \in \mathbb{R} | x \geq -4\}$.
    b) Es muss gelten $x - 5 \geq 0$. Also ist $D = \{x \in \mathbb{R} | x \geq 5\}$.
    ▲ c) Es muss gelten $6 - x \geq 0$. Also ist $D = \{x \in \mathbb{R} | x \leq 6\}$.
    ▲ d) Es muss gelten $\sqrt{x} - 2 \geq 0$. Also ist $D = \{x \in \mathbb{R} | x \geq 4\}$.

21. a) $\sqrt{4 \cdot 2} = \sqrt{4} \cdot \sqrt{2} = 2\sqrt{2}$ b) $\sqrt{100 \cdot 3} = \sqrt{100} \cdot \sqrt{3} = 10\sqrt{3}$ 32
    c) $6\sqrt{2}$ d) $2|a| \cdot \sqrt{3}$ e) $\frac{1}{3}\sqrt{5}$
    f) $7\sqrt{2}$ g) $\frac{4}{3}\sqrt{2}$ h) $9\sqrt{3}$

22. a) $\sqrt{28}$ b) $\sqrt{0{,}25 \cdot 20} = \sqrt{5}$ c) $\sqrt{\frac{4}{9} \cdot 27} = \sqrt{12}$ d) $\sqrt{b^2 \cdot \frac{a}{b}} = \sqrt{ab}$

23. a) $\sqrt{3} \cdot \sqrt{12} + \sqrt{3} \cdot \sqrt{27} = \sqrt{36} + \sqrt{81} = 6 + 9 = 15$
    b) $\sqrt{5} \cdot \sqrt{5} + \sqrt{20} \cdot \sqrt{5} = \sqrt{25} + \sqrt{100} = 5 + 10 = 15$
    c) $2 \cdot \sqrt{80} + \sqrt{5} \cdot \sqrt{80} = 2 \cdot \sqrt{16 \cdot 5} + \sqrt{5 \cdot 80} = 2 \cdot 4\sqrt{5} + \sqrt{400} = 8\sqrt{5} + 20$

24. a) $(\sqrt{2})^2 + 2 \cdot \sqrt{2} \cdot \sqrt{32} + (\sqrt{32})^2 = 2 + 2\sqrt{64} + 32 = 2 + 16 + 32 = 50$
    b) $(\sqrt{20})^2 - 2 \cdot \sqrt{20} \cdot \sqrt{5} + (\sqrt{5})^2 = 20 - 2\sqrt{100} + 5 = 20 - 20 + 5 = 5$
    c) $(\sqrt{7})^2 - 2^2 = 7 - 4 = 3$

25. a) $\frac{3 \cdot \sqrt{5}}{\sqrt{5} \cdot \sqrt{5}} = \frac{3}{5}\sqrt{5}$ b) $\frac{4 \cdot \sqrt{11}}{\sqrt{11} \cdot \sqrt{11}} = \frac{4}{11}\sqrt{11}$ c) $\frac{2 \cdot \sqrt{3}}{-\sqrt{3} \cdot \sqrt{3}} = -\frac{2}{3}\sqrt{3}$
    d) $\frac{1 \cdot \sqrt{a}}{\sqrt{a} \cdot \sqrt{a}} = \frac{\sqrt{a}}{a}$ e) $\frac{5 \cdot \sqrt{5}}{2\sqrt{5} \cdot \sqrt{5}} = \frac{5 \cdot \sqrt{5}}{2 \cdot 5} = \frac{\sqrt{5}}{2}$
    f) $\frac{1 \cdot (2 + \sqrt{3})}{(2 - \sqrt{3}) \cdot (2 + \sqrt{3})} = \frac{2 + \sqrt{3}}{2^2 - (\sqrt{3}^2)} = \frac{2 + \sqrt{3}}{4 - 3} = 2 + \sqrt{3}$

Probe-Klassenarbeit

1.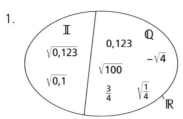

2. a) 8   b) 11   c) 0,6   d) 30
   e) $\frac{2}{3}$ f) $\frac{5}{6}$ g) $-\frac{6}{5}$ h) keine reelle Zahl

3. Berechne $A_1 = 16$ cm² und $s_2 = \sqrt{64 \text{ cm}^2} = 8$ cm.
   $s_1 : s_2 = 4$ cm $: 8$ cm $= 1 : 2$ und $A_1 : A_2 = 16$ cm² $: 64$ cm² $= 1 : 4$.
   Die **Seitenlängen** verhalten sich wie **1 zu 2**, die **Flächeninhalte** wie **1 zu 4**.

4. a) $2 < \sqrt{7} < 3$ b) $4 < \sqrt{17} < 5$ c) $1 < \sqrt{1{,}7} < 2$ d) $10 < \sqrt{117} < 11$

5. a) $=$ b) $\neq$ c) $=$ d) $\neq$

6. a) $\sqrt{36} = 6$ b) $\sqrt{9} = 3$ c) $\sqrt{\frac{9}{4}} = \frac{3}{2}$ d) $\sqrt{1} = 1$
   e) $\sqrt{16} = 4$ f) $\sqrt{20} = 2\sqrt{5}$ g) $\sqrt{16} = 4$ h) $\sqrt{100} = 10$

7. a) 5   b) $5^2 = 25$ c) -3 d) $\sqrt{(-3)^2} = \sqrt{9} = 3$

8. a) $5\sqrt{3}$ b) $4\sqrt{2}$ c) $\sqrt{\frac{49 \cdot 2}{16 \cdot 2}} = \frac{7}{4}$ d) 0

E Quadratische Funktionen und ihre Graphen

1. a)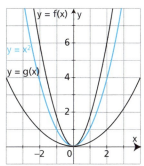
Gemeinsamkeiten: Parabeln sind nach oben geöffnet, haben den Scheitel S(0|0) und sind symmetrisch zur y-Achse.
Unterschiede: Die Parabel mit f(x) = y = $\frac{3}{2}x^2$ ist schmaler als eine Normalparabel, die Parabel mit g(x) = y = $\frac{1}{4}x^2$ ist weiter als eine Normalparabel.

b)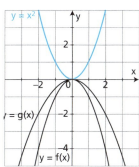
Gemeinsamkeiten: Die Parabeln haben den Scheitel S(0|0) und sind symmetrisch zur y-Achse. Die Parabeln mit y = x^2 und y = $-x^2$ sind beide Normalparabeln.
Unterschiede: Die Parabeln mit f(x) = y = $-x^2$ und g(x) = y = $-\frac{1}{2}x^2$ sind nach unten geöffnet, die Parabel mit y = $-\frac{1}{2}x^2$ ist weiter als eine Normalparabel.

2. a) y = $\frac{1}{2}x^2$ b) y = x^2 c) y = $1{,}5x^2$ d) y = $-\frac{1}{2}x^2$ e) y = $-2x^2$

3. Die Normalparabel in Ursprungslage wird an der x-Achse gespiegelt. Die entstandene nach unten geöffnete Parabel wird anschließend mit dem Faktor 0,5 von der x-Achse aus gestreckt.

▲ 4. a) Setze die Koordinaten von P in die Parabelgleichung ein:
8 = a · 2^2 bzw. 8 = 4a. Demzufolge ist a = 2 und die Parabelgleichung lautet **y = $2x^2$**. Setze nun die x-Koordinate von Q in die Parabelgleichung ein und berechne die y-Koordinate von Q:
$y_Q = 2x_Q^2 = 2 \cdot (-3)^2 = 2 \cdot 9 = $ **18**.

b) 3 = a · $(-3)^2$ = 9a ⇒ y = $\frac{1}{3}x^2$ ⇒ Q(1,5|0,75)

Lösungen

zu Seite 36

5. a) 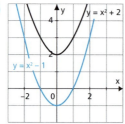 b)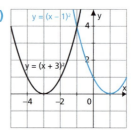

6. a) $g(-2) = 9 \Rightarrow (-2)^2 + e = 9 \Leftrightarrow e = 5 \Rightarrow g(x) = x^2 + 5$

   b) $f\left(\frac{1}{2}\right) = -1 \Rightarrow \left(\frac{1}{2}\right)^2 + e = -1 \Leftrightarrow e = -1\frac{1}{4} \Rightarrow f(x) = x^2 - 1\frac{1}{4}$
   Nullstellen von f: $x_1 \approx -1{,}1$; $x_2 \approx 1{,}1$

7.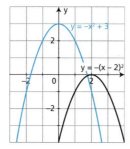

▲ 8. Die Grundfläche ist ein Quadrat der Seitenlänge
   x dm − 2 · 1 dm, also (x − 2) dm.
   Die Grundfläche in dm² beträgt somit
   $A(x) = (x − 2)^2$, wobei x > 2 gelten muss.
   Rechts siehst du das Schaubild von A(x)
   für x > 2. Du erkennst daran: A(x) = 5 wird
   näherungsweise für x = 4,25 erreicht.

   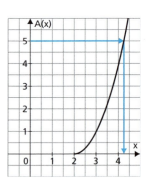

zu Seite 37

9.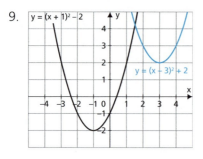

E Quadratische Funktionen und ihre Graphen

10. f: S(−3|−2), nach oben geöffnet,
    mit $\frac{3}{2}$ gestreckt
    g: S(1|2), nach unten geöffnet,
    mit 2 gestreckt
    h: S(4|0), nach oben geöffnet,
    mit $\frac{1}{3}$ gestreckt

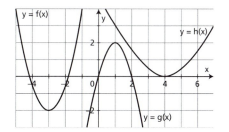

11. f: Strecken in Richtung der y-Achse mit Faktor 2, danach Verschieben um 3 Einheiten nach links und 1 Einheit nach unten
    g: Spiegeln an der x-Achse, danach Verschieben um 2 Einheiten nach links und 2 Einheiten nach oben
    h: Strecken in Richtung der y-Achse mit dem Faktor $\frac{1}{2}$, dann Spiegeln an der x-Achse, danach Verschieben um 2 Einheiten nach rechts und 3 Einheiten nach oben

12. $f(x) = 2(x + 3)^2 − 1$; $g(x) = −(x + 2)^2 + 2$; $h(x) = −\frac{1}{2}(x − 2)^2 + 3$

13. Das Minimum bzw. Maximum ist die y-Koordinate des Scheitels.
    f: kleinster Funktionswert = f(−3) = −1 = Minimum
    g: größter Funktionswert = f(−2) = 2 = Maximum
    h: größter Funktionswert = f(2) = 3 = Maximum

F Quadratische Gleichungen

1. a) $x_1 = −4$; $x_2 = 4$ b) $x_1 = −5$; $x_2 = 5$
   c) $x_1 = −\frac{2}{3}$; $x_2 = \frac{2}{3}$ d) $x_1 = −2{,}5$; $x_2 = 2{,}5$
   e) Umformen in $x^2 = 36 \Rightarrow x_1 = −6$; $x_2 = 6$
   f) Umformen in $x^2 = −64 \Rightarrow$ Keine Lösung!
   g) Umformen in $x^2 = 4 \Rightarrow x_1 = −2$; $x_2 = 2$
   h) Umformen in $x^2 = 9 \Rightarrow x_1 = −3$; $x_2 = 3$

zu Seite Lösungen

38

2. a) Umformen in $x^2 - 4 = 0$;
   Graph zu $y = x^2 - 4$ zeichnen.

   b) Umformen in $x^2 - \frac{1}{4}$;
   Graph zu $y = x^2 - \frac{1}{4}$ zeichnen.

   c) Umformen in $x^2 - 2{,}25 = 0$;
   Graph zu $y = x^2 - 2{,}25$ zeichnen.

   Nullstellen der Parabeln ablesen:
   a) $x_1 = -2$; $x_2 = 2$
   b) $x_1 = -\frac{1}{2}$; $x_2 = \frac{1}{2}$
   c) $x_1 = -1{,}5$; $x_2 = 1{,}5$

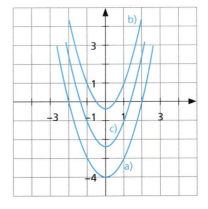

39

3. a) Zeichne die Normalparabel in Ursprungslage und die Gerade zu $y = x + 2$. Lies die x–Werte der Schnittpunkte ab: $x_1 = -1$; $x_2 = 2$
   b) $x_1 = -0{,}5$; $x_2 = 2$
   c) Umformen in $x^2 = -1{,}5x + 1$
   $x_1 = -2$; $x_2 = 0{,}5$

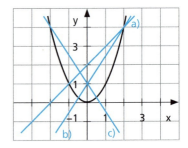

4. a) keine Lösung   b) eine Lösung; $x_1 = 0{,}5$ c) $x_1 = -0{,}5$; $x_2 = 1{,}5$

5. a) $x^2 = x + 3$ b) $x^2 = -\frac{1}{4}x + 3$ c) $x^2 = -0{,}2x + 2{,}5$
   $x_1 \approx -1{,}3$; $x_2 \approx 2{,}3$ $x_1 \approx -1{,}9$; $x_2 \approx 1{,}6$ $x_1 \approx -1{,}7$; $x_2 \approx 1{,}5$

▲ 6. Durch Äquivalenzumformung ergibt sich $x^2 = -bx - c$ und damit für p: $y = x^2$ und für g: $y = -bx - c$. Wegen $c < 0$ ist der y-Achsenabschnitt von g positiv. g verläuft deshalb sowohl durch den ersten als auch durch den zweiten Quadranten des Koordinatensystems und schneidet die Parabel p zweimal, einmal im ersten Quadranten ($\Rightarrow$ eine positive Lösung) und einmal im zweiten Quadranten ($\Rightarrow$ eine negative Lösung).

F Quadratische Gleichungen

7.

	p	q	Anwenden der p-q-Lösungsformel	x_1	x_2
a)	+2	−8	$x_{1,2} = -\frac{2}{2} \pm \sqrt{\left(\frac{2}{2}\right)^2 - (-8)} = -1 \pm 3$	2	−4
b)	+8	−20	$x_{1,2} = -\frac{8}{2} \pm \sqrt{\left(\frac{8}{2}\right)^2 - (-20)} = -4 \pm 6$	2	−10
c)	−6	−135	$x_{1,2} = -\frac{-6}{2} \pm \sqrt{\left(\frac{-6}{2}\right)^2 - (-135)} = 3 \pm 12$	15	−9
d)	−10	9	$x_{1,2} = -\frac{-10}{2} \pm \sqrt{\left(\frac{-10}{2}\right)^2 - 9} = 5 \pm 4$	9	1
e)	−1	−2	$x_{1,2} = -\frac{-1}{2} \pm \sqrt{\left(\frac{-1}{2}\right)^2 - (-2)} = \frac{1}{2} \pm \frac{3}{2}$	2	−1
f)	+5	+6	$x_{1,2} = -\frac{5}{2} \pm \sqrt{\left(\frac{5}{2}\right)^2 - 6} = -\frac{5}{2} \pm \frac{1}{2}$	−2	−3

8.

	p	q	Anwenden der p-q-Lösungsformel	x_1	x_2
a)	+2	−5	$x_{1,2} = -\frac{2}{2} \pm \sqrt{\left(\frac{2}{2}\right)^2 - (-5)} = -1 \pm \sqrt{6}$	$-1 + \sqrt{6}$	$-1 - \sqrt{6}$
b)	+6	+7	$x_{1,2} = -\frac{6}{2} \pm \sqrt{\left(\frac{6}{2}\right)^2 - 7} = -3 \pm \sqrt{2}$	$-3 + \sqrt{2}$	$-3 - \sqrt{2}$
c)	$-\frac{1}{2}$	$-\frac{1}{9}$	$x_{1,2} = -\frac{-1}{4} \pm \sqrt{\left(\frac{-1}{4}\right)^2 - \left(-\frac{1}{9}\right)} = \frac{1}{4} \pm \frac{5}{12}$	$\frac{2}{3}$	$-\frac{1}{6}$
d)	−8	+5	$x_{1,2} = -\frac{-8}{2} \pm \sqrt{\left(\frac{-8}{2}\right)^2 - 5} = 4 \pm \sqrt{11}$	$4 + \sqrt{11}$	$4 - \sqrt{11}$
e)	−1	−1	$x_{1,2} = -\frac{-1}{2} \pm \sqrt{\left(\frac{-1}{2}\right)^2 - (-1)} = \frac{1}{2} \pm \sqrt{\frac{5}{4}}$	$\frac{1}{2} + \frac{1}{2}\sqrt{5}$	$\frac{1}{2} - \frac{1}{2}\sqrt{5}$
f)	+2,4	+0,8	$x_{1,2} = -\frac{2,4}{2} \pm \sqrt{\left(\frac{2,4}{2}\right)^2 - 0,8} = -1,2 \pm 0,8$	−0,4	−2

9. Berechne jeweils die Diskriminante $D = \left(\frac{p}{2}\right)^2 - q$ und entscheide dann, wie viele Lösungen die Gleichung besitzt.

a) $D = \left(\frac{p}{2}\right)^2 - q = \left(\frac{8}{2}\right)^2 - 25 = -9$, also keine Lösung $\Rightarrow L = \{\ \}$.

b) $D = \left(\frac{p}{2}\right)^2 - q = \left(\frac{10}{2}\right)^2 - 25 = 0$, also eine Lösung $\Rightarrow L = \{-5\}$.

c) $D = \left(\frac{26}{2}\right)^2 - 25 = 144$, also zwei Lösungen $\Rightarrow L = \{-25; -1\}$

10. a) $x^2 - 5x + 4 = 0$; $x_1 = 4$, $x_2 = 1$
    b) $x^2 - \frac{20}{3}x + 4 = 0$; $x_1 = 6$, $x_2 = \frac{2}{3}$
    c) $x^2 + 3x - 70 = 0$; $x_1 = 7$, $x_2 = -10$

zu Seite | Lösungen

40

11. x bzw. y ... unbekannte Zahlen, $x + y = 41 \Leftrightarrow y = 41 - x$
    $x \cdot y = 408 \Rightarrow x \cdot (41 - x) = 408 \Leftrightarrow x^2 - 41x + 408 = 0$
    $\Rightarrow x_1 = 17, x_2 = 24 \Rightarrow y_1 = 41 - x_1 = 24, y_2 = 17$
    Die beiden unbekannten Zahlen lauten 17 und 24.

41

12. a) $x^2 = 4 \quad \Rightarrow x_1 = -2; x_2 = 2$
    b) $x^2 = 0{,}25 \quad \Rightarrow x_1 = -0{,}5; x_2 = 0{,}5$
    c) $x^2 = 1{,}21 \quad \Rightarrow x_1 = -1{,}1; x_2 = 1{,}1$
    d) $x(x - \frac{1}{2}) = 0 \Rightarrow x_1 = 0; x_2 = \frac{1}{2}$
    e) $x(x + 0{,}25) = 0 \Rightarrow x_1 = 0; x_2 = -0{,}25$
    f) $x^2 - 0{,}8x = 0 \Leftrightarrow x(x - 0{,}8) = 0 \Rightarrow x_1 = 0; x_2 = 0{,}8$

    Wende bei g) bis h) den Satz an: Ein Produkt ist dann gleich Null, wenn ein Faktor gleich Null ist.
    g) $x_1 = 2; x_2 = -3$ h) $x_1 = -4; x_2 = 7$ i) $x_1 = \frac{1}{2}; x_2 = -\frac{1}{2}$

13. a) Normalparabel aus Ursprungslage um eine Einheit nach unten verschieben, Nullstellen ablesen: $x_1 = -1; x_2 = 1$
    b) Normalparabel in Ursprungslage und Gerade zu $y = 3x$ zeichnen. x-Werte der Schnittpunkte ablesen: $x_1 = 0; x_2 = 3$
    c) Normalparabel in Ursprungslage und Gerade zu $y = -0{,}5x$ zeichnen, x-Werte der Schnittpunkte ablesen: $x_1 = -0{,}5; x_2 = 0$

14. a) Normalparabel in Ursprungslage um 4 Einheiten nach unten verschieben.
    b) Normalparabel in Ursprungslage um eine Einheit nach oben verschieben.
    c) Eine verschobene Normalparabel mit den Nullstellen $x_1 = 0$ und $x_2 = 2$ zeichnen. $S(-1|-1)$
    d) Normalparabel aus der Ursprungslage um eine Einheit nach links verschieben.
    e) Eine verschobene Normalparabel mit den Nullstellen $x_1 = 1$ und $x_2 = 3$ zeichnen. $S(2|-1)$

15. a) $x^2 - 2x - 3 = 0;$ $x_{1,2} = 1 \pm \sqrt{1 + 3}$ $\Rightarrow x_1 = -1; x_2 = 3$
    b) $x^2 - 5x + 4 = 0;$ $x_{1,2} = 2{,}5 \pm \sqrt{6{,}25 - 4}$ $\Rightarrow x_1 = 1; x_2 = 4$
    c) $x^2 + 2x - 8 = 0$ $\Rightarrow x_1 = -4; x_2 = 2$
    d) $x^2 + 2x - 63 = 0$ $\Rightarrow x_1 = -9; x_2 = 7$
    e) $x^2 + 2x - 24 = 0$ $\Rightarrow x_1 = -6; x_2 = 4$
    f) $x^2 + \frac{8}{3}x - 1 = 0$ $\Rightarrow x_1 = -3; x_2 = \frac{1}{3}$

G Flächeninhalte ebener Vielecke

1. Die Figuren A, B und C sind zerlegungsgleich. Sie haben also den gleichen Flächeninhalt. Begründung: Man kann A, B und C jeweils in zwei kongruente Quadrate und zwei kongruente rechtwinklig-gleichschenklige Dreiecke zerlegen, die zusammen ein drittes Quadrat von 1 cm² ergeben. Alle drei Figuren besitzen also den Flächeninhalt 3 cm².

zu Seite 42

2. Das farbige Parallelogramm hat den gleichen Flächeninhalt wie das schwarze Rechteck. Beide sind zerlegungsgleich.

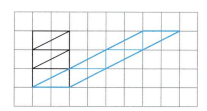

3. Beide Figuren kann man in ein Trapez mit den Grundseitenlängen s und 2s und zwei kongruente rechtwinklige Dreiecke zerlegen. Die Teilfiguren sind jeweils gleich groß. Also haben die Figuren den gleichen Flächeninhalt.

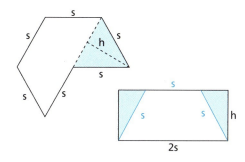

4. a) Zeichne die Höhe h_c ein, dazu die Parallelen durch A und B und durch C eine Parallele zur Grundseite. Das Rechteck ABDF hat den doppelten Flächeninhalt wie das gegebene Dreieck, weil es aus zwei Paaren kongruenter rechtwinkliger Dreiecke besteht, von denen das Dreieck nur jeweils eins besitzt.

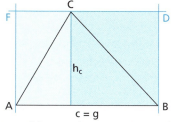

43

   b) Die Konstruktion verläuft genau so wie in a).

5. a)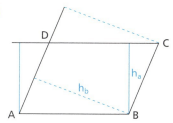

   b) Bei einer Raute sind alle vier Höhen gleich lang. Du kannst dies zeigen, indem du eine Höhe einzeichnest und diese dann an den Diagonalen der Raute spiegelst.

zu Seite   Lösungen

44

6 Das Parallelogramm ABCD und das Rechteck ABEF sind zerlegungsgleich.

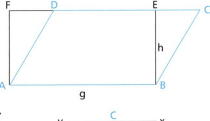

Für $A_{Rechteck}$ gilt: $A = a \cdot b = g \cdot h$.
Also ist $A_{Parallelogramm} = A = g \cdot h$.

Das umbeschriebene Rechteck WXYZ hat den doppelten Flächeninhalt wie der Drachen ABCD, denn das Rechteck besteht aus zwei Paaren kongruenter rechtwinkliger Dreiecke, von denen der Drachen nur jeweils eins besitzt.

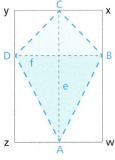

Für $A_{Rechteck}$ gilt: $A = a \cdot b = e \cdot f$.
Also ist $A_{Drachen} = A = \frac{e \cdot f}{2}$.

45

7. a) Zeichne einen Streifen von der Breite $h_c = 3{,}6$ cm. Markiere auf dem unteren Streifenrand eine Strecke $\overline{AB} = c = 4{,}2$ cm. Zeichne dann einen Kreis um B mit $r = a = 3{,}9$ cm. Dieser schneidet den oberen Streifenrand in den Punkten C_1 und C_2.

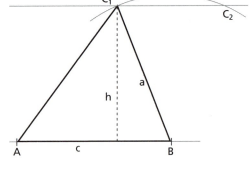

Es gibt zwei Lösungen: ABC_1 und ABC_2.
Beide Dreiecke besitzen den gleichen Flächeninhalt:
$A = \frac{g \cdot h}{2} = \frac{4{,}2 \text{ cm} \cdot 3{,}6 \text{ cm}}{2} = 7{,}56$ cm².

b) Wir zeigen die Lösung am Beispiel des Dreiecks ABC_1.
Das Parallelogramm ABXZ ist zerlegungsgleich zum Dreieck ABC_1, weil die Teildreiecke XC_1Y und ZAY kongruent sind.
Also besitzt das Parallelogramm ABXZ den gleichen Flächeninhalt wie das Dreieck ABC_1.
Eine zweite Lösung findest du, wenn du die Seite a des Dreiecks als Grundseite auffasst und h_a halbierst, eine dritte Lösung ...

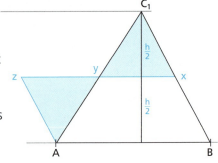

8. a) Zeichne einen Streifen der Breite h_a, markiere auf dem unteren Rand die Strecke $a = \overline{AB}$. Trage an $\overline{AB}$ in A den Winkel α an. ... **A = 21,76 cm².**
   Messwerte: b = d = 3,85 cm; β = 118°.
   b) Zeichne $a = \overline{AB}$. Trage an $\overline{AB}$ in B den Winkel β an und auf dem freien Schenkel die Länge b ab. ... **Gemessen: h_a = 3,65 cm; A = 21,54 cm².**

9. Trage ein:
   „... **haben die gleiche Höhe und den gleichen Flächeninhalt."**

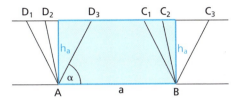

10. a) A(ABCD)
    = $A(D_1) + A(T) + A(D_2)$
    = 1 cm² + 2,5 cm² + 1,5 cm²
    = **5,0 cm²**

   ▲ b) A(ABCDE)
    = $A(T_1) + A(T_2) + A(D_1) + A(D_2)$
    $A(T_1) = \frac{(1\,cm + 3{,}5\,cm) \cdot 1\,cm}{2} = 2{,}25$ cm²
    $A(T_2) = \frac{(3\,cm + 2{,}5\,cm) \cdot 1\,cm}{2} = 2{,}75$ cm²
    $A(D_1) = 1$ cm²
    $A(D_2) = 1{,}5$ cm²

    A(Fünfeck) = **7,5 cm²**

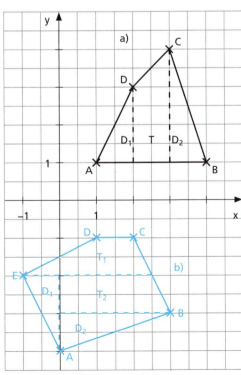

11. **a)** Der Drachen besitzt rechte Winkel bei B und D, denn 3, 4 und 5 sind pythagoreische Zahlen.

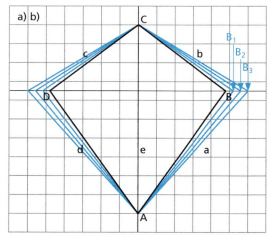

Also $A_{Drachen} = \left(\frac{a \cdot b}{2}\right) \cdot 2 = 12$ cm²

f berechnen: $A = \frac{e \cdot f}{2} \Rightarrow f = \frac{2A}{e}$

Einsetzen: $f = \frac{24 \text{ cm}^2}{5 \text{ cm}} = $ **4,8 cm**

c) $A_1 = \frac{5 \text{ cm} \cdot (4,8 \text{ cm} + 0,4 \text{ cm})}{2} = 13$ cm²

$A_2 = \frac{5 \text{ cm} \cdot (4,8 \text{ cm} + 0,8 \text{ cm})}{2} = 14,0$ cm²

$A_3 = \frac{5 \text{ cm} \cdot (4,8 \text{ cm} + 1,2 \text{ cm})}{2} = 15$ cm²

d) $A_n = \frac{5 \text{ cm} \cdot (4,8 \text{ cm} + n \cdot 0,4 \text{ cm})}{2} = 12$ cm² $+ n \cdot 1$ cm²

Der Flächeninhalt wächst bei jedem Schritt um 1 cm².

12. **a)** Das Viereck PQRS ist punktsymmetrisch zum Mittelpunkt M des Rechtecks. Ein punktsymmetrisches Viereck ist ein Parallelogramm.

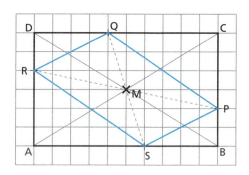

▲ **b)** Wähle Q so, dass $\overline{QS}$ senkrecht zu $\overline{PR}$ steht. Dann entsteht eine Innenraute, weil ein Parallelogramm mit senkrecht zueinander verlaufenden Diagonalen eine Raute ist.
(Ein Rechteck entsteht, wenn $\overline{QS}$ genau so lang wie $\overline{PR}$ gewählt wird.)

▲ **c)** Das kleinstmögliche Innenviereck entsteht, wenn du Q auf D legst.

13. a)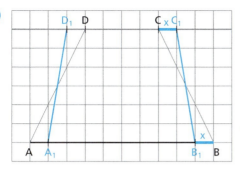

b) Für ein Rechteck gilt:
$a_1 = 5$ cm $- 2x$ und
$c_1 = 2$ cm $+ 2x$.
Setze:
5 cm $- 2x = 2$ cm $+ 2x$
Daraus folgt: $x = 0{,}75$ cm.

c) Für x gilt: $x < 2{,}5$ cm.
Ist $x = 2{,}5$ cm, entsteht ein Dreieck. Ist $x > 2{,}5$ cm, entsteht ein überschlagenes Viereck.

▲ d) Nach der Flächenformel für ein Trapez ist
$A(A_1B_1C_1D_1) = \frac{[(a-2x)+(c+2x)]}{2} \cdot h = \frac{(5 \text{ cm} - 2x)+(2 \text{ cm} + 2x)}{2} \cdot 3$ cm
$= 3{,}5$ cm $\cdot 3$ cm $= 10{,}5$ cm².
Alle entstehenden Trapeze für $x < 2{,}5$ cm haben den gleichen Flächeninhalt.

H Umfang und Flächeninhalt von Kreisen und Kreisteilen

1. a) 31,42 cm   b) 56,55 cm   c) 77,91 cm   d) 21,36 m
   e) 28,27 cm   f) 37,70 cm   g) 80,42 cm   h) 14,45 m

2. $U = 2\pi r \Rightarrow r = \frac{U}{2\pi}$
   a) 13,53 cm   b) 15,92 cm   c) 0,159 km   d) 6366 km

3. $U_1 = 6{,}911503838$ cm (Wert in den Speicher legen!)
   $U_2 = 4{,}398229715$ cm (Wert in den Speicher legen!)
   Die Spitze des großen Zeigers legt pro Tag $U_1 \cdot 24$, also rund **165,9 cm** zurück, die Spitze des kleinen Zeigers $U_2 \cdot 2$, also rund **8,8 cm** zurück.

▲ 4. a) Zeichne nacheinander drei Halbkreise, einen um M_1 mit $r_1 = 1$ GE (GE = Gittereinheit), einen um M_2 mit $r_2 = 2$ GE und einen um M_3 mit $r_3 = 1$ GE.

zu Seite 47

b) Beachte nun: 1 GE = 10 cm!
$$U = (U_1 + U_2 + U_3) : 2$$
$$= \pi \cdot 10 \text{ cm} + \pi \cdot 20 \text{ cm}$$
$$+ \pi \cdot 10 \text{ cm} = \pi \cdot 40 \text{ cm}$$
$$= 125{,}66 \text{ cm}$$

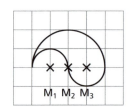

zu Seite 48

5.

	a)	b)	c)	d)
r	5,2 cm	5,8 cm	4,55 cm	12,62 cm
d	10,4 cm	11,6 cm	9,10 cm	25,23 cm
U	32,67 cm	36,44 cm	28,6 cm	79,27 cm
A	84,95 cm²	105,68 cm²	65,09 cm²	500 cm²

6. a) $U_1 : U_2 = (2\pi \cdot 2) : (2\pi \cdot 3) = 2 : 3$
$A_1 : A_2 = (\pi \cdot 2^2) : (\pi \cdot 3^2) = 4 : 9$
Die Umfänge verhalten sich wie 2 zu 3, die Flächeninhalte wie 4 zu 9 (wie die Quadrate der Radien).

b) Die Umfänge verhalten sich wie 5 zu 7, die Flächeninhalte wie 25 zu 49.

7. Beachte $r_i = \frac{a}{2}$; $r_a = \frac{a}{2}\sqrt{2}$ (Die Diagonale eines Quadrats hat die Länge $a\sqrt{2}$).

$U_i : U_a = \frac{a}{2} : \left(\frac{a}{2}\sqrt{2}\right) = 1 : \sqrt{2}$ $\qquad$ $A_i : A_a = \frac{a^2}{4} : \frac{a^2}{2} = 1 : 2$

▲ **8. a)** $A = A_1 + A_2 + A_3 = \frac{\pi r^2}{2} + \frac{\pi \cdot \left(\frac{r}{2}\right)^2}{2} + \frac{\pi \cdot \left(\frac{r}{2}\right)^2}{2} = \frac{\pi r^2}{2} + 2 \cdot \frac{\pi r^2}{8} = \frac{3}{4}\pi r^2$
($\approx 2{,}356 r^2$)

b) $A = A_1 - A_2 - A_3 = \frac{\pi r^2}{2} - 2 \cdot \frac{\pi r^2}{8} = \frac{1}{4}\pi r^2$ ($\approx 0{,}785 r^2$)

zu Seite 49

9.

	a)	b)	c)	d)	e)
r	9,2 cm	5,3 cm	37,4 m	50,93 cm	10 cm
α	76°	105,94°	128°	90°	2,865°
b	12,20 cm	9,8 cm	83,55 m	80 cm	0,5 cm
A	56,14 cm²	25,97 cm²	1562,4 m²	2037,2 cm²	2,5 cm²

10. $b = 2\pi \cdot 6378 \text{ km} \cdot \frac{15}{360} \approx 1669{,}76 \text{ km}$
Die beiden Orte sind rund 1670 km voneinander entfernt.

H Umfang und Flächeninhalt von Kreisen und Kreisteilen

11. Nenne die zugehörigen Radien r_a und r_i. $r_a = 350$ m; $r_i = 348{,}565$ m
    Berechne die zugehörigen Kreisbögen.

    $b_i = 2\pi \cdot 348{,}565 \text{ m} \cdot \frac{15}{360} \approx 91{,}25 \text{ m}$

    $b_a = 2\pi \cdot 350 \text{ m} \cdot \frac{15}{360} \approx 91{,}63 \text{ m}$

    Das innere gebogene Gleisstück ist **91,25 m**, das äußere **91,63 m** lang, damit 38 cm länger als das innere.

▲12. a) A(farbige Fläche) = A_{Dreieck} − 3-mal $A_{\text{Kreisausschnitt}}$

    $= \frac{s^2}{4}\sqrt{3} - 3\left(\pi \cdot \frac{s^2}{4} \cdot \frac{60}{360}\right) = \frac{s^2}{4}\left(\sqrt{3} - \frac{1}{2}\pi\right) \approx 0{,}0403 s^2$

    $= 1 \text{ cm}^2 \cdot \sqrt{3} - 3 \cdot \left(\pi \cdot (1 \text{ cm})^2 \cdot \frac{60}{360}\right)$

    $\approx 1{,}732 \text{ cm}^2 - 3 \cdot 0{,}5236 \text{ cm}^2$

    $= 0{,}1612 \text{ cm}^2 = 16{,}12 \text{ mm}^2$

    b) A(f.Fl.) = 3 mal Flächeninhalt eines Möndchens

    A(Möndchen) $= A_{\text{Kreisausschnitt}} - A_{\text{Dreieck}}$

    $= \pi s^2 \cdot \frac{1}{6} - \frac{s^2}{4}\sqrt{3} = s^2\left(\frac{1}{6}\pi - \frac{1}{4}\sqrt{3}\right) \approx 0{,}0906 s^2$

    $\Rightarrow$ A(f.Fl.) = $0{,}2718 s^2$

    Lösung mit s = 2 cm: A(Möndchen) $\approx 0{,}3624$ cm²

    A(f.Fl.) $\approx 1{,}0872$ cm²

I Zentrische Streckung und Ähnlichkeit

1.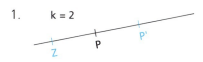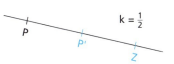

2. a) Es ist das Zentrum Z und das Maß der Streckung $k = \frac{\overline{ZP'}}{\overline{ZP}}$ gegeben.
   b) Zeichne eine Halbgerade von Z aus durch Q. Trage darauf die Strecke $\overline{ZQ'}$ so ab, dass $\overline{ZQ'} = k \cdot \overline{ZQ}$ ist.

zu Seite   Lösungen

51   3. a) 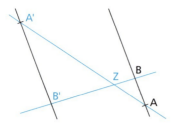   4.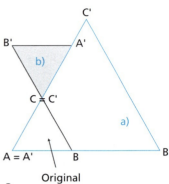

b) $\overline{ZA'}$ = 30 mm, $\overline{ZA}$ = 10 mm.

Daraus folgt: k = $\frac{30 \text{ mm}}{10 \text{ mm}}$ = 3, also k = –3.

Verkleinerte Darstellung.

52   5. a), b)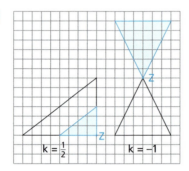

c), d)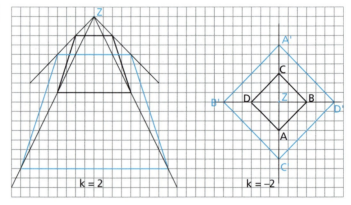

6. a) Zeichne eine beliebige Gerade durch Z = M. Der eine Schnittpunkt mit dem Kreisrand sei P. Konstruiere P' und zeichne den Kreis um M mit $\overline{MP'}$ als Radius.

b) Zeichne eine Gerade durch Z und M, die den Kreis in einem zweiten Punkt P schneidet. Weiter wie in a).

c) Beachte die Abb. im Buch. Strecke die Punkte M und P von Z aus im Maße k = 1,5. Zeichne um M' einen Kreis mit dem Radius $\overline{M'P'}$.

I Zentrische Streckung und Ähnlichkeit zu Seite 52

7.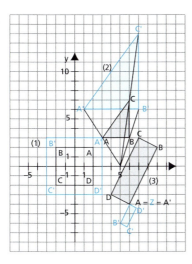

Kontrollwerte:
(1) A'(3|3), B'(−3|3), C'(−3|−3), D'(3|−3)
(2) A'(1|6), B'(7|6), C'(7|14)
(3) A'(6|−4), B'(5|−6), C'$\left(5\frac{2}{3}\big|-6\frac{1}{3}\right)$, D'$\left(6\frac{2}{3}\big|-4\frac{1}{3}\right)$

8. 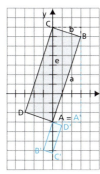 Da ABCD ein Rechteck ist, ist auch das Streckbild A'B'C'D' ein Rechteck.

9. a) Zeichne eine Gerade durch H_8 und P, dazu eine Parallele durch H_5. Diese schneidet ZP im gesuchten Teilungspunkt.
   b) Zeichne eine Gerade durch H_5 und P, dazu eine Parallele durch H_8. Diese schneidet ZP im gesuchten Teilungspunkt.

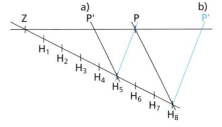

53

103

zu Seite   Lösungen

53

10. a) Betrachte A als Zentrum einer Streckung und zeichne durch A eine Gerade mit 8 gleichabständigen Hilfspunkten. Verbinde den 8. Hilfspunkt mit B und zeichne dazu eine Parallele durch den 5. Hilfspunkt.

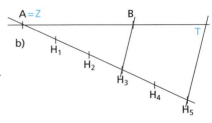

▲ b) Die Konstruktion ist in der Abbildung ausgeführt.

54

11.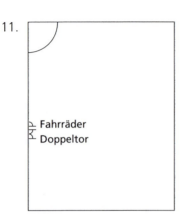

12. Flächeninhalt des Schulhofs in Wirklichkeit = 40 m mal 50 m = **2 000 m²**
Flächeninhalt des Schulhofs im Plan = 4 cm mal 5 cm = **20 cm²**
Die Flächeninhalte verhalten sich wie $1^2 : 1\,000^2$. Der Flächeninhalt in Wirklichkeit ist 1 000 000 mal so groß wie der im Plan.

56

13. a) $A_1B_1C_1$ und $A_2B_2C_2$ sind ähnlich (nach 1. Ähnlichkeitssatz).
b) $A_1B_1C_1$ und $A_2B_2C_2$ können ähnlich sein, müssen es aber nicht.
c) $A_1B_1C_1$ und $A_2B_2C_2$ sind ähnlich (nach 3. Ähnlichkeitssatz).
d) $A_1B_1C_1$ und $A_2B_2C_2$ sind nur ähnlich, wenn $c_1 > b_1$ bzw. $c_2 > b_2$ ist (nach 4. Ähnlichkeitssatz).

14. a) Zwei rechtwinklige Dreiecke sind nur dann ähnlich, wenn sie entweder im Verhältnis zweier entsprechender Seiten oder in der Größe eines weiteren Winkels übereinstimmen.
b) Zwei gleichschenklige Dreiecke sind ähnlich, wenn sie in der Größe zweier entsprechender Winkel übereinstimmen.
c) Zwei rechtwinklig gleichschenklige Dreiecke sind immer ähnlich, denn sie stimmen in der Größe aller entsprechenden Winkel überein.

I Zentrische Streckung und Ähnlichkeit   zu Seite 56

15. Konstruiere ABC aus den gegebenen Stücken, beginne mit γ = 70°.

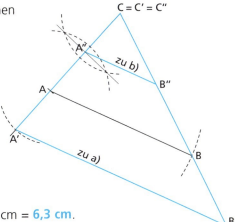

a) Halbiere die Seite b und trage auf der Verlängerung von b die Strecke $\frac{b}{2}$ an. Du erhältst den Punkt A'. Zeichne die Parallele zu $\overline{AB}$ durch A'. Auf der Verlängerung von a erhältst du B'. A'B'C' ist das im Maßstab 3:2 vergrößerte Dreieck.
Rechnung: c' = $\frac{3}{2}$ · c = $\frac{3}{2}$ · 4,2 cm = **6,3 cm**.

b) Beginne wie in a). Zeichne durch den Halbierungspunkt von b die Parallele zu $\overline{AB}$. Schon ist das verkleinerte Dreieck entstanden.
Rechnung: c' = $\frac{1}{2}$ · c = $\frac{1}{2}$ · 4,2 cm = **2,1 cm**.

16. a) Zeichne zuerst ein Dreieck A'B'C' z. B. aus ß' = 60°, a' = 5 cm und c' = 3 cm.
Trage dann von C' = C aus auf der Geraden durch C' und B' die Länge $\overline{CB}$ = 3,6 cm ab. Du erhältst B.
Zeichne eine Parallele zu $\overline{A'B'}$ durch B. Du erhältst A.
ABC ist das gesuchte Dreieck.
Messwerte: α ≈ 88,7°; c ≈ 2,2 cm.

b) Zeichne ein Dreieck A'B'C' z. B. aus α' = 60°; a' = 5 cm, c' = 3 cm.
Trage dann von C' = C aus auf der Geraden durch C' und A' die Länge $\overline{CA}$ = 4,0 cm ab. Du erhältst A.
Zeichne eine Parallele zu $\overline{A'B'}$ durch A. Du erhältst B.
ABC ist das gesuchte Dreieck.
Messwerte: β ≈ 88,7°; c ≈ 2,1 cm

c) Zeichne das Dreieck A'B'C' z. B. aus a' = 3 cm; b' = 4 cm; c' = 5 cm.
Es entsteht ein rechtwinkliges Dreieck mit γ = 90°.
Wähle auf der Verlängerung von $\overline{A'C'}$ einen Punkt A.
Zeichne eine zu $\overline{A'B'}$

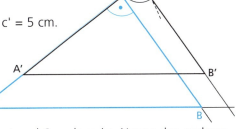

parallele Strecke, die in A beginnt und 6 cm lang ist. Nenne den anderen Endpunkt B. Zeichne dann eine Parallele zu $\overline{B'C'}$ durch B. Sie schneidet $\overline{A'C'}$ in C. ABC ist das gesuchte Dreieck.
Messwerte: α ≈ 36,9°; a = 3,6 cm.
Du kannst auch A'B'C' von A' = Z aus so strecken, dass $\overline{AB}$ 6 cm lang wird.

zu Seite Lösungen

56

17. $h_c' = h_c \cdot \frac{15}{9} = 6{,}2 \text{ cm} \cdot \frac{5}{3} \approx$ **10,3 cm**

$A(\text{Dreieck}) = \frac{9 \text{ cm} \cdot 6{,}2 \text{ cm}}{2} =$ **27,9 cm²**

$A'(\text{Dreieck}) = \frac{15 \text{ cm} \cdot 6{,}2 \text{ cm} \cdot \frac{5}{3}}{2} =$ **77,5 cm²**

▲ 18. a) Zeichne ein Dreieck A'B'C' aus α' = 60° und β' = 45°. Ergänze die Figur um s_a' mit den Endpunkten A' und Y'. Verlängere bzw. verkürze s_a' so, dass $\overline{AY}$ gleich 6,0 cm wird, wobei A = A' ist. Zeichne durch Y die Parallele zu a'. Sie schneidet die Schenkel von α' = α in den Punkten B und C. ABC ist das gesuchte Dreieck.
Messwert: a ≈ 7,1 cm

b) Zeichne in ein Dreieck A'B'C' aus α' = 42° und b': c' = 4:5 die Höhe h_a' mit dem Fußpunkt H_a' ein. Verlängere bzw. verkürze diese Höhe, so dass $\overline{AH_a}$ 5,2 cm lang wird. Zeichne die Parallele durch H_a …
Messwerte: β ≈ 52,8°; c ≈ 6,5 cm.

57

19. a) Die Seitenlängen des vergrößerten Rechtecks betragen 6,0 cm und 4,5 cm.

b) Die Seitenlängen der vergrößerten Raute betragen 4,5 cm.

c) Zeichne wie üblich ein regelmäßiges Sechseck mit dem Umkreisradius 3 cm. Vergrößere dann das Sechseck durch Verlängerung des Radius auf 4,5 cm.

20. Quadrate, gleichseitige Dreiecke und regelmäßige Sechsecke sind jeweils einander ähnlich. Begründung: Diese Vielecke stimmen jeweils in allen Winkeln überein.

21. Bezeichnet man die Seiten und die Diagonalen so wie in der Probefigur, dann gilt: $s_i : d_i = s_a : d_a$, damit auch $U_i : d_i = U_a : d_a$ und schließlich auch $U_i : U_a = d_i : d_a$.
Begründung: Die Diagonalen teilen die Quadrate in rechtwinklig gleichschenklige Dreieck, die einander ähnlich sind und in denen Satz (2) der Seite 46 oben gilt.

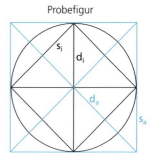

Probefigur

106

▲ 22. Die Abbildung zeigt, wie man durch Schnitte parallel zur Seite b unendlich viele ähnliche Parallelogramme zum gegebenen zeichnen kann: Man zeichnet die Diagonale $\overline{AC}$ ein. Der Schnittpunkt einer Parallelen zu b mit der Diagonalen ist jeweils ein Eckpunkt C' eines ähnlichen Parallelogramms.

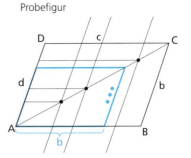

Probefigur

▲ 23. Beginne wieder mit einer Figur, die der gesuchten ähnlich ist: Zeichne also ein Rechteck A'B'C'D, in dem das Seitenverhältnis 3 : 5 ist, danach den Umkreis dieses Rechtecks. In dieser Probefigur sind die Bedingungen der Aufgabe erfüllt, nur ist der Radius noch ≠ 4 cm. Ergänze die Probefigur um die Diagonalen, zeichne danach einen zweiten Kreis um M mit r = 4 cm und dann das gesuchte einbeschriebene Rechteck (siehe Abbildung). Messwerte: a ≈ 4,1 cm; b ≈ 6,9 cm.

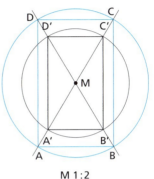

M 1:2

Probefigur

24. Zeichne zwei von Z ausgehende Strahlen. Trage auf dem unteren Strahl von Z aus 3,2 cm und 4,8 cm ab. Nenne die Endpunkte A und B. Zeichne um A einen Kreis mit dem Radius 2,0 cm, der den anderen Strahl im Punkt C schneidet. (Den zweiten Schnittpunkt kannst du vernachlässigen.) Die Parallele zu $\overline{AC}$ durch B schneidet den oberen Strahl im Punkt D. Der Zahlenwert von $\overline{BD}$ ist die gesuchte Zahl.
Messwert: x ≈ 3,0 cm

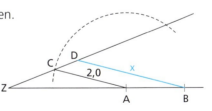

25. *Tipp: Wähle die Verhältnisgleichung so, dass die Variable oben links steht.*
    a) $\frac{x}{20} = \frac{35}{52} \Leftrightarrow x = \frac{35}{52} \cdot 20$
    $\Rightarrow$ **x ≈ 13,5**
    b) $\frac{x}{25} = \frac{18}{30} \Leftrightarrow x = \frac{18}{30} \cdot 25$
    $\Rightarrow$ **x = 15**

zu Seite   Lösungen

59

26. a) Zeichne zwei von Z ausgehende Strahlen, trage auf einem die Strecke $\overline{ZA}$ = 5,0 cm und auf dem anderen eine Punktreihe mit 8 gleich langen Strecken ab. Verbinde den 8. Teilpunkt mit A und zeichne dazu eine Parallele durch den 3. Teilpunkt. Diese schneidet $\overline{ZA}$ in T.
   b) $\frac{3}{8} = \frac{x}{5}$; $x = \frac{15}{8}$

27. Lösung z.B. mithilfe des 1. Strahlensatzes:
   a) Zeichne eine Strecke $\overline{AB}$ = 4,2 cm und verlängere sie. Trage auf einem Strahl aus A fünf gleichlange Strecken ab. Verbinde den dritten Endpunkt mit B und zeichne dazu eine Parallele durch den 5. (letzten) Endpunkt. Diese schneidet die Verlängerung von $\overline{AB}$ im gesuchten Punkt T.

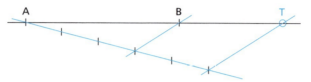

   b) gleiche Konstruktion!
      Kontrollmaß: $\overline{AT}$ = 7,0 cm

28. Die 4. Proportionale bestimmst du konstruktiv am einfachsten mithilfe des 1. Vierstreckensatzes (Strahlensatzes). Dabei hast du mehrere Möglichkeiten, die gegebenen Strecken auf den sich in Z schneidenden Geraden (auf den Strahlen aus Z) anzuordnen.
   Lösungsbeispiele zu a):

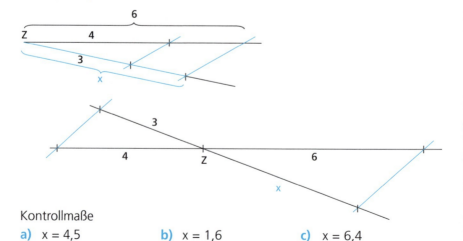

   Kontrollmaße
   a) x = 4,5   b) x = 1,6   c) x = 6,4

I Zentrische Streckung und Ähnlichkeit

29. **a)** Wird ein Geradenbüschel (Strahlenbüschel) von zwei parallelen Geraden geschnitten, dann verhalten sich die Längen von zwei Strecken auf einer der Geraden (auf einem Strahl) des Büschels wie die Längen der entsprechenden Strecken auf einer anderen Geraden (auf einem anderen Strahl) des Büschels.
b) Beispiele: $\overline{ZA} : \overline{ZB} = \overline{ZH} : \overline{ZG}$ $\overline{ZA} : \overline{ZD} = \overline{ZH} : \overline{ZE}$
$\overline{ZA} : \overline{AH} = \overline{ZB} : \overline{BG}$ $\overline{ZH} : \overline{AH} = \overline{ZF} : \overline{CF}$

▲ 30. **a)** Zeichne zwei parallele Geraden, trage auf einer von einem markierten Punkt A aus 2 cm, 3 cm und 4 cm ab, nenne die Endpunkte B, C und D. Trage dann auf der anderen Parallelen eine Strecke x = $\overline{EF}$ = 2,5 cm ab. Zeichne eine Gerade durch A und E und eine zweite durch B und F. Diese Geraden schneiden sich in Z.
Vervollständige das Büschel und lies Zahlenwerte für y und z ab.
Kontrollmaße: y = 3,75; z = 5,0

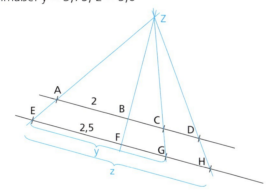

Du kannst die Aufgabe auch so lösen, dass du mit nur zwei sich in Z schneidenden Geraden (mit zwei Strahlen) arbeitest, dafür aber drei schneidende Parallelen zu Hilfe nimmst.

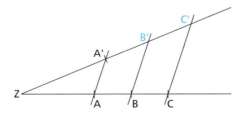

b) entsprechend, *Kontrollmaße:* x = 1,0; z = 2
c) entsprechend, *Kontrollmaße:* x = 1,3; y = 1,8

J Flächensätze am rechtwinkligen Dreieck

1. **a)** Es soll $A(Q_1) + A(Q_2) = (5{,}0\text{ cm})^2 + (2{,}5\text{ cm})^2$ sein. Zeichne ein rechtwinkliges Dreieck mit den Kathetenlängen 5,0 cm und 2,5 cm. Die Hypotenuse ist eine Seite des gesuchten dritten Quadrats.

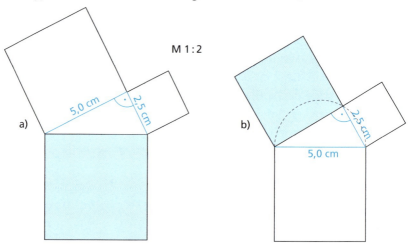

   b) Zeichne zuerst mithilfe eines Thales-Kreises ein rechtwinkliges Dreieck mit einer Hypotenuse von 5,0 cm und einer Kathete von 2,5 cm. Weiter wie in der rechten Abbildung.

2. **a)** Zeichne ein rechtwinklig-gleichschenkliges Dreieck mit den Katheten $a = b = s_1 = 2{,}8$ cm. Das Hypotenusenquadrat ist das gesuchte Quadrat Q_2. **Kontrollwert:** $s_2 = \sqrt{15{,}68}$ cm $\approx 3{,}96$ cm.
   b) Zeichne ein rechtwinkliges Dreieck mit den Kathetenlängen 2,8 cm und 3,96 cm (= Seitenlänge des Quadrats aus a)). Das Hypotenusenquadrat hat den dreifachen Flächeninhalt von Q_1.
   Kontrollwert: $s_3 = \sqrt{23{,}52}$ cm $\approx 4{,}85$ cm.

3. **a)** Es sind zwei kongruente Rechtecke mit den Seiten a und b und zwei Quadrate mit $A = a^2$ und $A = b^2$ entstanden.
   b) Alle vier Dreiecke sind rechtwinklig und stimmen in den Katheten a und b überein (Kongruenzfall SWS).

c) Die Seiten des Innenvierecks werden von den Hypotenusen der Dreiecke gebildet. Sie sind also gleich lang. Führt man Winkelbezeichnungen (wie in der Abb.) ein, dann sieht man, dass α + β = 90° ist. In den Ecken des Innenvierecks stoßen jeweils α und β zusammen. Die Innenwinkel des Vierecks sind also alle 90° groß. Ein Viereck mit rechten Winkeln und gleich langen Seiten ist ein Quadrat.

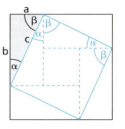

d) Die farbig hervorgehobenen Flächen in den Abbildungen auf Seite 61 besitzen den gleichen Flächeninhalt:
(2): $(a + b)^2 - 2ab = a^2 + b^2$
(3): $(a + b)^2 - 2ab = c^2$
Daraus folgt: $a^2 + b^2 = c^2$.

4. a) Erläuterung der Abbildung auf Seite 61: Als Erstes wurde ein rechtwinklig-gleichschenkliges Dreieck mit den Katheten 1 gezeichnet. Im Buch wurde als Einheit 1 cm gewählt. An die Hypotenuse des ersten Dreiecks wird ein zweites rechtwinkliges Dreieck so gelegt, dass dessen größere Kathete mit der Hypotenuse des ersten Dreiecks übereinstimmt. Die zweite Kathete wird wieder 1 gewählt. So fährt man fort.
   b) Die Strecke $\sqrt{5}$ sollte etwa 2,2 cm lang sein, die von $\sqrt{6}$ ca. 2,5 cm.

5. Im gespannten Seil (Abb. rechts) gilt: $3^2 + 4^2 = 5^2$. Also ist das Dreieck nach der Umkehrung des Satzes von Pythagoras rechtwinklig.

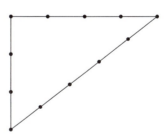

6. a) $5^2 + 12^2 = 13^2$ $\qquad$ $7^2 + 24^2 = 25^2$
   $\Leftrightarrow 25 + 144 = 169$: wahr $\qquad$ $\Leftrightarrow 49 + 576 = 625$: wahr
   b) Du legst am besten eine Tabelle an.

	x = 4	x = 5	x = 6
a	9	11	13
b	40	60	84
c	41	61	85

Es ist
$9^2 + 40^2 = 41^2$: wahr
$11^2 + 60^2 = 61^2$: wahr
$13^2 + 84^2 = 85^2$: wahr

zu Seite | Lösungen

61

c) Es muss gelten: $a^2 + b^2 = c^2$. Ersetze a durch 2x, b durch $x^2 - 1$ und c durch $x^2 + 1$:
$4x^2 + (x^2 - 1)^2 = (x^2 + 1)^2$
$\Leftrightarrow 4x^2 + x^4 - 2x^2 + 1 = x^4 + 2x^2 + 1 \Leftrightarrow x^4 + 2x^2 + 1 = x^4 + 2x^2 + 1$:
allgemein gültig.

62

7. a) $c^2 = a^2 + b^2$ Eingesetzt: $c^2 = 44{,}50$ cm² $\Rightarrow c \approx 6{,}67$ cm
   b) $b^2 = c^2 - a^2$ Eingesetzt: $b^2 = 30{,}72$ cm² $\Rightarrow b \approx 5{,}54$ cm
   c) $a^2 = c^2 - b^2$ Eingesetzt: $a^2 = 24{,}20$ cm² $\Rightarrow a \approx 4{,}92$ cm

8. a) $h^2 = a^2 - \left(\frac{c}{2}\right)^2$ Eingesetzt: $h^2 = 34{,}44$ cm² $\Rightarrow h \approx 5{,}87$ cm
   b) $\left(\frac{c}{2}\right)^2 = a^2 - h^2 \Leftrightarrow c^2 = 4(a^2 - h^2)$
      Eingesetzt: $c^2 = 4 \cdot 7{,}49$ cm² $\Rightarrow c \approx 5{,}47$ cm
   c) $a^2 = h^2 + \left(\frac{c}{2}\right)^2$ Eingesetzt: $a^2 = 28{,}24$ cm² $\Rightarrow a \approx 5{,}31$ cm

63

9. Die Dreiecke in a) und b) sind rechtwinklig, die in c) und d) nicht.
   Begründungen: a) $6^2 + 8^2 = 10^2$, b) $10^2 + 24^2 = 26^2$, c) $24^2 + 70^2 \neq 75^2$,
   d) $280^2 + 960^2 \neq 1020^2$.

10. a) $d \approx 7{,}07$ cm, b) $d \approx 9{,}05$ cm, c) $s^2 + s^2 = d^2 \Leftrightarrow d^2 = 2s^2 \Rightarrow d = s\sqrt{2}$

11. In einer Raute gilt:
    $\left(\frac{e}{2}\right)^2 + \left(\frac{f}{2}\right)^2 = s^2 \Leftrightarrow s^2 = \frac{e^2}{4} + \frac{f^2}{4} = \frac{1}{4}(e^2 + f^2) \Rightarrow s = \frac{1}{2}\sqrt{e^2 + f^2}$
    a) $s \approx 4{,}00$ cm   b) $s \approx 3{,}58$ cm   c) $s \approx 3{,}39$ cm
    Hinweis: Die Raute in c) ist ein Quadrat. Du könntest also auch rechnen:
    $s = d : \sqrt{2} = 4{,}8$ cm $: \sqrt{2} \approx 3{,}39$ cm.

12. Es ist $d = s\sqrt{2}$, damit $s = d : \sqrt{2}$
    $s_1 = 3{,}0$ cm; $s_2 = 4{,}0$ cm; $s_3 = 5{,}0$ cm; $s_4 = 6{,}0$ cm.

J Flächensätze am rechtwinkligen Dreieck   zu Seite

13. **a)** d (P,O) = $\sqrt{3^2 + 4^2}$ = 5; d (Q,O) = 5; d (R,O) = $\sqrt{29}$ ≈ 5,4   63

b) Zeichne die Abszissen und Ordinaten der Punkte P und Q ein. Es entsteht ein rechtwinkliges Dreieck mit $\overline{PQ}$ als Hypotenuse. Nach dem Satz des Pythagoras gilt: $d^2 = (x_Q - x_P)^2 + (y_Q - y_P)^2$.
Daraus folgt die Formel.

c) (1) d (P,Q) = $\sqrt{(5-2)^2 + (5-1)^2}$
   = $\sqrt{9 + 16}$ = 5
(2) d (P,Q) = $\sqrt{5^2 + 5^2}$ = $\sqrt{50}$ ≈ **7,1**,
(3) d (P,Q) = $\sqrt{25 + 16}$ = $\sqrt{41}$ ≈ 6,4

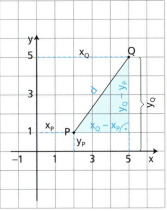

14. **c)** Messergebnisse aufschreiben: **a)** M 1 : 2   **b)**   65

a) ≈ 2,4 cm

b) ≈ 2,4 cm

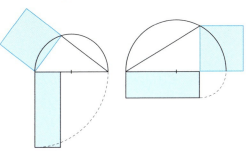

d) $h^2 = p \cdot q$. Eingesetzt:
h^2 = 4,0 cm · 1,4 cm = 5,60 cm² ⇒ h ≈ 2,37 cm

15. Hast du auch den Tipp gründlich durchgelesen? Bei diesen Berechnungen im rechtwinkligen Dreieck musst du entweder den Satz des Pythagoras oder den Höhensatz nach einer Variablen hin auflösen oder den einfachen Zusammenhang, dass p + q = c ist, berücksichtigen.

	a)	b)	c)	d)	e)
a	4,8 cm	4,2 cm	3,60 cm	≈ 3,87 cm	≈ 3,61 cm
b	6,4 cm	**5,6 cm**	≈ **2,10 cm**	≈ 3,16 cm	≈ **5,41 cm**
c	**8,0 cm**	7,0 cm	≈ **4,17 cm**	5,0 cm	6,5 cm
p	**2,88 cm**	**2,52 cm**	3,11 cm	3,0 cm	**2,0 cm**
q	**5,12 cm**	**4,48 cm**	≈ **1,06 cm**	2,0 cm	4,5 cm
h	**3,84 cm**	**3,36 cm**	≈ **1,82 cm**	≈ **2,45 cm**	3,0 cm

zu Seite 65

Kontrollen nach $b^2 = q^2 + h^2$ (laut Aufgabentext):
a) $b^2 = 5{,}12^2 + 3{,}84^2 = 40{,}96 \Rightarrow b = 6{,}4$
b) $b^2 = 4{,}48^2 + 3{,}36^2 = 31{,}36 \Rightarrow b = 5{,}6$
c) $b^2 = 1{,}06^2 + 1{,}82^2 = 4{,}436 \Rightarrow b \approx 2{,}11$
d) $b^2 = 2{,}0^2 + 2{,}45^2 = 10{,}0025 \Rightarrow b \approx 3{,}16$
e) $b^2 = 4{,}5^2 + 3{,}0^2 = 29{,}25 \Rightarrow b \approx 5{,}41$

16. Dies sind mögliche ausgewählte Lösungen, also Beispiele.
    a) Sei c = 5 und p = 2, dann gilt a = $\sqrt{10} \approx 3{,}16$
    b) Sei c = 4 und p = 3, dann gilt a = $\sqrt{12} \approx 3{,}46$
    c) Sei c = 6 und p = 3, dann gilt a = $\sqrt{18} \approx 4{,}24$
    d) Sei c = 5 und p = 4, dann gilt a = $\sqrt{20} \approx 4{,}47$

17. a) Wähle z. B. p = 4 cm und q = 2 cm, dann ist
    h = $\sqrt{4 \cdot 2}$ cm $\approx 2{,}83$ cm.
    b) Wählst du p = 5,0 cm und q = 2,0 cm, dann
    ist h = $\sqrt{10}$ cm $\approx 3{,}16$ cm. Du kannst auch
    p = 4,0 cm und q = 2,5 cm wählen. Warum?
    c) Wählst du p = 3,0 cm und q = 5,0 cm, dann
    ist h = $\sqrt{15}$ cm $\approx 3{,}87$ cm.

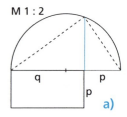
M 1 : 2
a)

zu Seite 66

18. a) Der Schnittpunkt zweier Mittelsenkrechten ist der Mittelpunkt M_U des Umkreises. Im gleichseitigen Dreieck sind sie ja auch zugleich Höhen der Seiten. Es gilt: $\overline{M_U A} = \overline{M_U B} = \overline{M_U C} = r_U$.
    b) Die Höhen eines gleichseitigen Dreiecks teilen sich im Verhältnis 2 : 1. Dies ist ein Lehrsatz, den du im 8. Schuljahr gelernt hast. Aber: Lege eine Probefigur an und mache dir daran das Teilungsverhältnis noch einmal klar.
    Es gilt: $r_U = \frac{2}{3} \cdot h = \frac{2}{3} \cdot \frac{s}{2}\sqrt{3} = \frac{s}{3}\sqrt{3}$. Eingesetzt: $r_U \approx$ **2,77 cm**.

19. Bezeichne den Höhenfußpunkt in der Abb. auf Seite 66, z. B. mit H.
    a) Im Dreieck AHD gilt: $\overline{AH} = (a - c) : 2$. Es ist d = b = 4,0 cm und
    $h^2 = d^2 - (\overline{AH})^2$.
    Eingesetzt: $h^2 = (4{,}0 \text{ cm})^2 - (1{,}5 \text{ cm})^2$.
    Daraus folgt: $h^2 = 13{,}75$ cm² $\Rightarrow$ **h ≈ 3,71 cm**.
    b) $\overline{AH} = \sqrt{d^2 - h^2} = \sqrt{b^2 - h^2}$. Eingesetzt: $\overline{AH} = \sqrt{3{,}96 \text{ cm}^2} \approx 1{,}99$ cm.
    Daraus folgt: $c = a - 2\overline{AH} \approx$ **1,62 cm**.
    c) $\overline{AH} = (5{,}2 \text{ cm} - 3{,}2 \text{ cm}) : 2 = 1{,}0$ cm, d = $\sqrt{h^2 + (\overline{AH})^2} = \sqrt{10}$ cm²
    ≈ **3,16 cm**.

J Flächensätze am rechtwinkligen Dreieck   zu Seite 66

20. **a)** Bezeichne die Projektion des Straßenstückes in der Waagerechten, z. B. mit p(s). Es ist p(s) = $\sqrt{(40\text{ m})^2 - (2\text{m})^2} \approx 39{,}95$ m.
    b) Bild des Straßenstückes im M 1:1000 = 3,995 cm.

21. Du kannst ein Schrägbild bei Bedarf auch einmal mit 30° verschrägen und dann die Tiefenstrecken auf $\frac{2}{3}$ verkürzen (wie in nebenstehender Abb.).
    a) $d^2 = a^2 + a^2 \Rightarrow d = a\sqrt{2}$
    b) Betrachte den farbig hervorgehobenen Schnitt. $(d^*)^2 = d^2 + a^2 \Rightarrow d^* = a\sqrt{3}$.

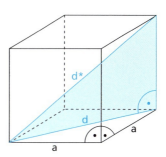

22. $d^*(\text{Quader}) = \sqrt{a^2 + b^2 + c^2}$, eingesetzt: $d^* = \sqrt{60{,}84}$ cm² = 7,8 cm.

23. **a)** $s^2 = h_k^2 + \left(\frac{a}{2}\sqrt{2}\right)^2 = h_k^2 + \frac{a^2}{2}$,
    eingesetzt: $s = \sqrt{36 \text{ cm}^2 + 12{,}5 \text{ cm}^2}$
    $= \sqrt{48{,}5 \text{ cm}^2} \approx$ **6,96 cm**.

    b) Jede Seitenfläche der Pyramide ist ein gleichschenkliges Dreieck, h_s die Höhe darin. $(h_s)^2 = s^2 - \left(\frac{a}{2}\right)^2$,
    eingesetzt:
    $h_s = \sqrt{48{,}5 \text{ cm}^2 - 6{,}25 \text{ cm}^2} = \sqrt{42{,}25}$ cm = **6,5 cm**.

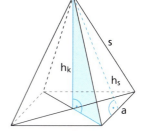

Probe-Klassenarbeit

1. **a)** $c^2 = a^2 + b^2 \Rightarrow c = \sqrt{a^2 + b^2}$;

   b) Probefigur

   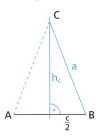

   Eingesetzt: $c = \sqrt{37{,}48 \text{ cm}^2} \approx$ **6,1 cm**

   $\left(\frac{c}{2}\right)^2 = a^2 - h_c^2 \Rightarrow c = 2 \cdot \sqrt{a^2 - h_c^2}$

   Eingesetzt:
   $c = 2 \cdot \sqrt{6{,}09 \text{cm}^2} \approx$ **4,9 cm**

   c) Es gilt: $c = a$ und $d = b$
   $b^2 = e^2 - a^2 \Rightarrow b = \sqrt{e^2 - a^2}$
   Eingesetzt: $b = \sqrt{5{,}88 \text{ cm}^2} \approx$ **2,4 cm**

   d) Es gilt: $a = b = c = d = s$
   $s^2 = \left(\frac{e}{2}\right)^2 + \left(\frac{f}{2}\right)^2 \Rightarrow s = \sqrt{\left(\frac{e}{2}\right)^2 + \left(\frac{f}{2}\right)^2}$
   Eingesetzt: $s = \sqrt{8{,}32 \text{cm}^2} \approx$ **2,9 cm**

2. **a)** $PO = \sqrt{2^2 + 1^2} = \sqrt{5} \approx 2{,}24$
   $QO = \sqrt{3^2 + 1^2} = \sqrt{10} \approx 3{,}16$
   $RO = 4$

   b) $PQ = 2 + 3 = 5$
   $QR = \sqrt{3^2 + 3^2} = \sqrt{18} \approx 4{,}24$
   $RP = \sqrt{2^2 + 3^2} = \sqrt{13} \approx 3{,}61$

   c) Wenn PQR ein rechtwinkliges Dreieck wäre, müsste gelten:
   $(PQ)^2 = (QR)^2 + (RP)^2$ bzw.
   eingesetzt: $25 = 18 + 13$.
   Dies ist jedoch falsch.
   PQR ist **nicht** rechtwinklig.

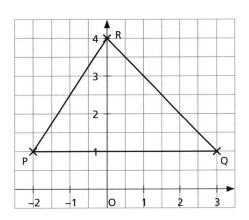

3. **a)**

   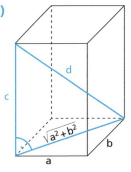

   $d^2 = (a^2 + b^2) + c^2$
   $d = \sqrt{a^2 + b^2 + c^2}$

   b)

   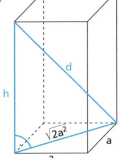

   $d^2 = 2a^2 + h^2$
   $d = \sqrt{2a^2 + h^2}$

Probe-Klassenarbeit   zu Seite

67

4. a)   b)

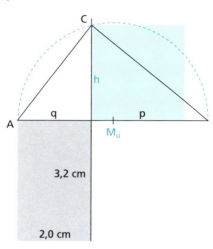

Kontrolle: Die Seitenlänge des gesuchten Quadrats sei s.
Es muss gelten: $s^2 = A_{Quadrat} = A_{Rechteck}$.
Eingesetzt: $s^2 = 3{,}2 \text{ cm} \cdot 2{,}0 \text{ cm} = 6{,}4 \text{ cm}^2 \Rightarrow s \approx 2{,}53 \text{ cm}$

5. Die Seitenlänge des Bodenquadrats beträgt a = 180 m.
Die halbe Diagonale dieses Quadrats ist $\frac{a}{2}\sqrt{2}$ und die halbe Höhe des Sendemastes beträgt $\frac{h}{2} = 104$ m.
Für die Länge eines Stahlseils gilt: $s = \sqrt{\left(\frac{h}{2}\right)^2 + \frac{a^2}{2}}$.
Eingesetzt: $s = \sqrt{27016 \text{ m}^2} \approx 164{,}37 \text{ m}$

K Raumgeometrie

1. a) Die Geraden AF und CE liegen **windschief** zueinander.
   b) Die Diagonalen $\overline{BF}$ und $\overline{CE}$ liegen in einer Ebene und **schneiden sich**.

68

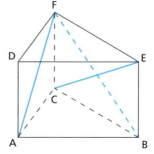

117

2. a) Betrachte das Stützdreieck ABE in der Vorderfläche des Würfels. Darin ist BE eine Quadratdiagonale. Also ist der gesuchte Winkel 45° groß.
b) Entsprechend auch 45°.

3. a)   b)   c)

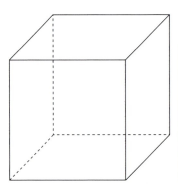 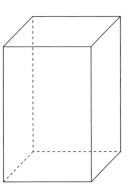 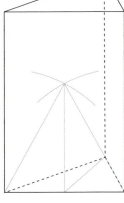

4. a) Zeichne zunächst die Frontfläche, also ein Rechteck 4,2 cm mal 4,5 cm. Trage dann vom Mittelpunkt der vorderen unteren Kante aus h_a auf 1,0 cm verkürzt und unter 45° ab. Du erhältst den Mittelpunkt der hinteren unteren Kante und trägst von dort nach links und rechts $\frac{c}{2} = 1{,}6$ cm ab. ...

b) Zeichne zunächst als Grundfläche ein gleichschenkliges Trapez aus den gegebenen Maßen. Verschräge dieses Viereck zum Schrägbild der Grundfläche des Prismas. Trage von den vier Eckpunkten dieser Fläche die Körperhöhe (4,5 cm) ab und zeichne die noch fehlenden Kanten ein.

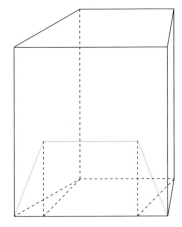

▲ 5. a) Siehe Abbildung! Beachte:
Der Höhenfußpunkt ist der Schnittpunkt der Flächenhöhen in der Grundfläche.
Die Körperhöhe ist rund 2,94 cm lang.

b) In dem grau unterlegten rechtwinkligen Dreieck in der Grundfläche gilt:
$h^2 = a^2 - \left(\frac{a}{2}\right)^2 = \frac{3}{4}a^2$
Daraus folgt: $h = \frac{a}{2}\sqrt{3}$.
Im farbig hervorgehobenen rechtwinkligen Dreieck gilt: $h_k^2 = a^2 - \left(\frac{2}{3}h\right)^2$.
Ersetze h durch $\frac{a}{2}\sqrt{3}$ und fasse zusammen: $h_k^2 = \frac{2}{3}a^2$.
Daraus folgt: $h_k = \sqrt{\frac{2}{3}a^2} = \sqrt{\frac{6}{9}a^2} = \frac{a}{3}\sqrt{6}$. Damit ist die Formel für die Körperhöhe im Tetraeder bestätigt.

6.

	a)	b)	c)	d)
Radius r	2,0 cm	**1,0 dm**	**8,0 m**	5,0 cm
Höhe h	3,0 cm	3,5 dm	16,0 m	**7,0 cm**
Mantelfläche M	**37,7 cm²**	22,0 dm²	804,2 m²	219,9 cm²
Oberfläche O	**62,8 cm²**	**28,3 dm²**	**1 206,4 m²**	377,0 cm²
Volumen V	**37,7 cm³**	**11,0 dm³**	3 217,0 m³	**549,8 cm³**

7. a) Gegeben: $r_i = 5$ cm, $V = 1\,000$ cm³. Gesucht: h
$V = \pi r^2 \cdot h$. Nach h auflösen: $h = \frac{V}{\pi r^2}$. Einsetzen: $h = \frac{1\,000 \text{ cm}^3}{\pi \cdot 25 \text{ cm}^2}$
$h \approx$ **12,7 cm**

b) Gegeben: $V = 1\,000$ cm³, $h = 10$ cm. Gesucht r_i.
$V = \pi r_i^2 \cdot h$. Nach r_i auflösen: $r_i = \sqrt{\frac{V}{\pi \cdot h}}$. Einsetzen: $r_i = \sqrt{\frac{1\,000 \text{ cm}^3}{\pi \cdot 10 \text{ cm}}}$
$r_i = 10 \cdot \sqrt{\frac{1}{\pi}}$ cm $\approx$ **5,6 cm**
Gefäßradius: $r_a = r_i + 3$ mm $= 5,9$ cm

zu Seite 72

8. a) Die beiden Möglichkeiten sind:
   (1) Umfang = 15,0 cm, Körperhöhe = 25,0 cm
   (2) Umfang = 25,0 cm, Körperhöhe = 15,0 cm

   Für (1) gilt: $U_1 = 2\pi r_1 = 15$ cm. Daraus folgt: $r_1 = \frac{15 \text{ cm}}{2\pi}$.
   $V_1 = \pi r^2 \cdot h = \pi \left(\frac{15 \text{ cm}}{2\pi}\right)^2 \cdot 25 \approx $ **447,62 cm³**

   Für (2) gilt: $U_2 = 2\pi r_2 = 25$ cm. Daraus folgt: $r_2 = \frac{25 \text{ cm}}{2\pi}$.
   $V_2 = \pi r_2^2 \cdot h = \pi \left(\frac{25 \text{ cm}}{2\pi}\right)^2 \cdot 15$ cm $\approx$ **746,03 cm³**

   Wählt man die zweite Möglichkeit, dann erhält man einen Zylinder mit deutlich größerem Volumen. V_2 verhält sich zu V_1 wie 5 : 3.

   b) $V_1 = \pi \left(\frac{a}{2\pi}\right)^2 \cdot b$ $V_2 = \pi \left(\frac{b}{2\pi}\right)^2 \cdot a$
   $V_1 : V_2 = a : b$

9. Man muss den Inhalt des großen Zylinders auf n kleine Zylinder verteilen. Es ist also $V_g = n$ mal V_k bzw. $n = V_g : V_k$.

   Berechne V_g und V_k: $V_g = \pi(4 \text{ cm})^2 \cdot 9$ cm $= 144\pi$ cm³

   $V_k = \pi(1 \text{ cm})^2 \cdot 3$ cm $= 3\pi$ cm³. Es folgt: $n = \frac{144\pi \text{ cm}^3}{3\pi \text{ cm}^3} = \frac{144}{3} = 48$.

   Antwort: Es werden **48 kleine Hohlzylinder** gefüllt.

10. $V_{Zylinder} = \pi(2 \text{ cm})^2 \cdot 6$ cm $= 24\pi$ cm³ $\approx 75,4$ cm³
    $V_{Säule} = 9$ cm² $\cdot 6$ cm $= 54$ cm³
    Antwort: Der Zylinder besitzt ein etwas größeres Volumen.
    Die Volumen verhalten sich etwa wie 1,4 : 1.

11. Die Maße der Holzsäule (des Zylinders) sind: r = 10 cm und h = 375 cm.
    Damit ist das Volumen der Holzsäule $V_S = \pi(10 \text{ cm})^2 \cdot 375$ cm
    $= 37\,500\pi$ cm³.
    Der Holzbalken besitzt ein Volumen von $V_H = (20 \text{ cm})^2 \cdot 375$ cm
    $= 150\,000$ cm³.
    a) Die Säule wiegt G $= 37\,500\pi$ cm³ mal 2,74 g/cm³ $\approx 322\,799$ g.
       Das sind **rund 323 kg**.
    b) Abfall $= 150\,000$ cm³ $- 37\,500\pi$ cm³ $\approx 32\,190$ cm³.
       Das sind rund **21,5 %** des Holzbalkens.

12. $V_{Silberwürfel} = 1$ cm³ = 1 000 mm³

    a) $V_{Zylinder} = \pi(4$ mm$)^2 \cdot h = 1\,000$ mm³. Daraus folgt:

    $h = \frac{1\,000 \text{ mm}^3}{16\pi \text{ mm}^2} \approx$ **19,9 mm**

    b) $V_{Zylinder} = \pi r^2 \cdot 10$ mm $= 1\,000$ mm³. Daraus folgt:

    $r = \sqrt{\frac{1\,000 \text{ mm}^3}{10\pi \text{ mm}}} \approx$ **5,64 mm**

▲13. $V = \pi(r_a^2 - r_i^2)h$, $O = 2\pi(r_a^2 - r_i^2) + 2\pi r_a h + 2\pi r_i h$

   a) $V \approx 62{,}8$ cm³, $O \approx 188{,}5$ cm²   b) $V \approx 4{,}5$ cm³, $O \approx 26{,}4$ cm²

▲14. Volumen eines Stücks von 1 m = 100 cm Länge
    = $\pi(r_a^2 - r_i^2) \cdot h$. Eingesetzt: $V = \pi(756{,}25$ cm² $- 650{,}25$ cm²$) \cdot 100$ cm
    = $10\,600\pi$ cm³. $G = 10\,600\pi$ cm³ mal 7,24 g/cm³ $\approx 76\,744$ g.
    Das sind rund **76,7 kg**.

L Zufall und Wahrscheinlichkeit

1. a) Zufallsexperiment mit 32 möglichen Ergebnissen
   b) Kein Zufallsexperiment. Ein Computer, der nach dem Einschalten nicht funktioniert, ist defekt und muss zur Reparatur.
   c) Zufallsexperiment mit 6 möglichen Ergebnissen

2. a) Eine Glühlampe dieser Produktion brennt nach 5 000 Stunden noch mit einer Wahrscheinlichkeit P von $\frac{900}{1\,000} = \frac{90}{100} = 90\,\%$, nach 6 000 Stunden noch mit P = 70 %, nach 7 000 Stunden noch mit P = 50 % und nach 10 000 Stunden noch mit P = 1 %.
   b) 2 Jahre = 2 mal 365 Tage = 730 Tage. Die Brenndauer beträgt 10 Stunden mal 730 = 7 300 Stunden, also etwas mehr als 7 000 Stunden. Die Wahrscheinlichkeit, dass dann eine Glühlampe noch brennt, ist etwas kleiner als 50 %. Man kann erwarten, dass von den 11 eingeschraubten Glühlampen nach 2 Jahren noch 5 brennen.

Lösungen

zu Seite 74

3. Laplace-Experiment. Alle Ergebnisse sind gleich wahrscheinlich.
   a) $P(6) = \frac{1}{6}$ b) $P(5) + P(6) = \frac{1}{6} + \frac{1}{6} = \frac{1}{3}$ (nach Summenregel)
   c) $P(\text{gerade Augenzahl}) = P(2) + P(4) + P(6) = \frac{1}{2} = 50\,\%$

4. Alle Felder sind gleich groß. Also ist die Wahrscheinlichkeit, dass der Zeiger nach dem Drehen auf einem bestimmten Feld stehen bleibt, gleich $\frac{1}{8}$.
   a) $P(1) = 2 \cdot \frac{1}{8} = \frac{1}{4}$ b) $P(3) = \frac{1}{8}$
   c) $P(6) = 2 \cdot \frac{1}{8} = \frac{1}{4}$ d) $P(\text{ungerade Zahl}) = \frac{1}{2}$

5. a) $P(\text{Gerät mit Mängeln}) = \frac{25}{8000} = \frac{1}{320} = 0{,}3125\,\%$. Das Gegenereignis liefert das Ergebnis $P(\text{funktionstüchtiges Gerät}) = 100\,\% - 0{,}3125\,\% = 99{,}6875\,\% \approx 99{,}7\,\%$.
   b) $0{,}3125\,\%$ von 5000 Geräten $= 15{,}625$ Geräte.
   Man kann erwarten, dass etwa 16 Geräte Mängel aufweisen werden.

zu Seite 76

6. a) [Baumdiagramm]   b) $P(ALL) = \frac{1}{2} \cdot \frac{2}{5} \cdot \frac{1}{4} = \frac{1}{20}$

7. $P(ALL) = \frac{3}{6} \cdot \frac{2}{6} \cdot \frac{2}{6} = \frac{1}{2} \cdot \frac{1}{3} \cdot \frac{1}{3} = \frac{1}{18}$

8. [Baumdiagramm mit allen Pfaden (K;K;K), (K;K;Z), (K;Z;K), (K;Z;Z), (Z;K;K), (Z;K;Z), (Z;Z;K), (Z;Z;Z)]

9. a) Gegenereignis $\overline{A}$: keinmal Kopf (also dreimal Zahl)
   $\Rightarrow P(A) = 1 - P(\overline{A}) = 1 - 0{,}5^3 = 0{,}875$
   b) 3 mögliche Pfade $\Rightarrow P(B) = 3 \cdot 0{,}5^3 = 0{,}375$
   c) 4 mögliche Pfade $\Rightarrow P(C) = 4 \cdot 0{,}5^3 = 0{,}5$
   d) ein möglicher Pfad $\Rightarrow P(D) = 0{,}5^3 = 0{,}125$

L Wahrscheinlichkeitsrechnung   zu Seite

77

10. Zur Lösung der Aufgabe benutzen wir ein verkürztes Baumdiagramm. Für das Ereignis „beide Kugeln rot" ergibt sich: $P(rr) = \frac{5}{8} \cdot \frac{4}{7} = \frac{5}{14}$.

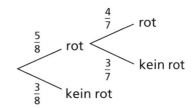

11. a)

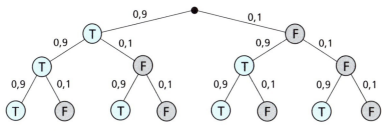

T ... Treffer, F ... Fehlversuch

b) 3 Pfade mit je zweimal T und einmal F, also
$P(A) = 3 \cdot 0{,}9^2 \cdot 0{,}1 = 0{,}243 = 24{,}3\,\%$
$P(B) = 3 \cdot 0{,}9^2 \cdot 0{,}1 + 1 \cdot 0{,}9^3 = 0{,}972 = 97{,}2\,\%$

12. Wir deuten das Ziehen der Murmeln als zweistufiges Zufallsexperiment (nacheinander werden 2 Murmeln ohne Zurücklegen gezogen) und zeichnen dazu ein Baumdiagramm.

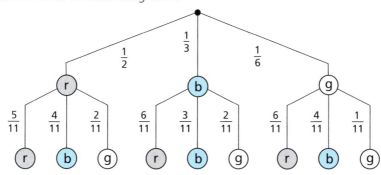

a) $P(A) = \frac{1}{2} \cdot \frac{5}{11} = \frac{5}{22}$

b) Ereignis $B = \{(r;\,r);\,(b;\,b);\,(g;\,g)\} \Rightarrow P(B) = \frac{1}{2} \cdot \frac{5}{11} + \frac{1}{3} \cdot \frac{3}{11} + \frac{1}{6} \cdot \frac{1}{11} = \frac{1}{3}$

c) Ereignis $C = \{(b;\,g);\,(g;\,b)\} \Rightarrow P(C) = \frac{1}{3} \cdot \frac{2}{11} + \frac{1}{6} \cdot \frac{4}{11} = \frac{4}{33}$

d) Hier geht es um das Gegenereignis von B.
$\Rightarrow P(D) = 1 - P(B) = 1 - \frac{1}{3} = \frac{2}{3}$

123

13. Wir lösen die Aufgabe, indem wir jeweils den zu dem Wort gehörigen Pfad eines Baumdiagramms betrachten.

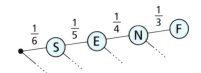

a) P(„SENF") = $\frac{1}{6} \cdot \frac{1}{5} \cdot \frac{1}{4} \cdot \frac{1}{3} = \frac{1}{360}$

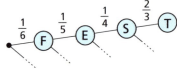

b) P(„FEST") = $\frac{1}{6} \cdot \frac{1}{5} \cdot \frac{1}{4} \cdot \frac{2}{3} = \frac{1}{180}$

c) P(„TEST") = $\frac{1}{3} \cdot \frac{1}{5} \cdot \frac{1}{4} \cdot \frac{1}{3} = \frac{1}{180}$

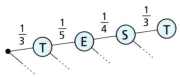

14. a) Die Sechs kann im 1. oder 2. oder 3. oder 4. Wurf, also in einem von 4 verschiedenen Würfen auftreten. In den verbleibenden 3 Würfen muss jeweils das Ergebnis „Keine-Sechs" eintreten.
    $\Rightarrow$ P(A) = $4 \cdot \frac{1}{6} \cdot \left(\frac{5}{6}\right)^3 = \frac{125}{324}$

    b) P(B) = $\left(\frac{1}{6}\right)^4 = \frac{1}{1296}$

    c) Gegenereignis $\overline{C}$ lautet „4-mal keine Sechs"
    P(C) = 1 − P($\overline{C}$) = $1 - \left(\frac{5}{6}\right)^4 = \frac{671}{1296}$

    ▲d) Gegenereignis $\overline{D}$ lautet „Keine oder genau eine Sechs"
    P(D) = 1 − P($\overline{D}$) = $1 - [P(\overline{C}) + P(A)] = \frac{19}{144}$

▲15. a) P(A) = $0{,}6^3 = 0{,}216$

    b) Der LKW könnte das 1., 2. oder 3. Fahrzeug sein.
    P(B) = $3 \cdot 0{,}25 \cdot 0{,}6^2 = 0{,}27$

    c) Gegenereignis $\overline{C}$: kein PKW, P(C) = 1 − P($\overline{C}$) = $1 - 0{,}4^3 = 0{,}936$

    d) Das Fahrzeug, das kein Zweirad ist, könnte an drei verschiedenen Stellen registriert werden. P(D) = $3 \cdot 0{,}9 \cdot 0{,}1^2 = 0{,}027$

    e) Die drei verschiedenen Fahrzeugtypen können auf $1 \cdot 2 \cdot 3 = 6$ verschiedene Arten angeordnet sein.
    P(E) = $6 \cdot 0{,}6 \cdot 0{,}25 \cdot 0{,}05 = 0{,}045$

Mathematische Zeichen

Algebra, Rechnen

$=$	gleich
$\neq$	nicht gleich, ungleich
$\approx$	angenähert gleich, rund, etwa
$<, >$	kleiner als, größer als
$\leq, \geq$	kleiner als oder gleich, größer als oder gleich
$\triangleq$	entspricht
$|x|$	Betrag von x

Geometrie

$\perp$	ist senkrecht zu
∟	rechter Winkel
$\parallel$	ist parallel zu
$\nparallel$	ist nicht parallel zu
$\overline{AB}$	Strecke mit den Endpunkten A und B
$\triangle ABC$	Dreieck mit den Eckpunkten A, B und C
$\cong$	ist kongruent zu
$\alpha, \beta, \gamma, \delta$	häufig benutzte Namen von Winkeln
$\sphericalangle ABC$	Winkel zwischen BA und BC
$P(x|y)$	Punkt P mit den Koordinaten x und y (mit dem Rechtswert x und dem Hochwert y)

Mengen

$\mathbb{N}$	Menge der natürlichen Zahlen ($\mathbb{N}$ = {0, 1, 2, 3, ...})
$\mathbb{Z}$	Menge der ganzen Zahlen ($\mathbb{Z}$ = {..., –2, –1, 0, 1, 2, ...})
$\mathbb{Q}$	Menge der rationalen Zahlen
$\mathbb{R}$	Menge der rellen Zahlen
{ }	die leere Menge (Menge ohne Elemente)
$\subset$	ist Teilmenge von
$\in$	ist Element von
$\notin$	ist nicht Element von
$\Rightarrow$	aus ... folgt ...
$\Leftrightarrow$	ist äquivalent zu

Stichwortverzeichnis

Abstand zweier Punkte 63
Additionsverfahren 22
ähnliche Vieleck 57
Ähnlichkeitsabbildung 54
Ähnlichkeitssatz 55
allgemein gültig 10
Anfangskapital 8
Anfangswert 8

Baumdiagramm 75
Bruchgleichung 12
Bruchterme 11

Definitionsmenge 11
Diskriminante 40
Drachen 44
Dreikantprisma 68
Dreisatz 6

Ebenen im Raum 68
Einsetzungsverfahren 21
Endkapital 8
Endwert 8
Ereignis 74
Ergebnis 73

Flächeninhalt 13
– des Kreises 48
– von Dreiecken 44
– von Vierecken 44
Funktion 14
– konstante 16
– lineare 14
– proportionale 15
Funktionsgleichung 14

Gegenereignis 74
gemischtquadratisch 38
Gerade 14
– im Raum 68
Gleichsetzungsverfahren 20
Gleichung 10
– quadratische 38
Grundwert 7

Höhe in einem Dreieck 43
Höhe in einem Viereck mit
 parallelen Seiten 43
Höhensatz 64
Hypotenusenabschnitt 64

Intervallschachtelung 29
irrationale Zahlen 26

Jahreszinsen 7

Kapital 7
Kathetensatz 64
Kavalierperspektive 69
Kreisausschnitt 49
Kreisbogen 49
Kreisring 48
Kreisumfang 47

Lagebeziehungen im Raum 68
Laplace-Experiment 74
lineare Gleichungssysteme mit
 zwei Variablen 18

Mantel des Zylinders 71
Maß k der Streckung 50

Normalform 40
Normalparabel 34

Oberflächeninhalt eines Zylinders 71

Parallelogramm 43, 44
Pfad 75
Pfadregeln 75
4. Proportionale 59
Proportionalitätsfaktor 15
Prozentfaktor 8
Prozentsatz 7
Prozentwert 7
Punkt-Steigungs-Form 17
Pyramide, quadratische 66
pythagoreische Zahlen 61

Quadrat 44
quadrieren 30

Radikand 26
Rauminhalt 13
Raute 44
Rechteck 44
reelle Zahlen 28
rein quadratische Gleichung 38

Satz des Pythagoras 60
Scheitelpunkt 36
– -form 37
Schrägbild 69
– eines Würfels 68
Spitzkörper 70
Steigung 14
Steigungsdreieck 14
Strahlensätze 58
Streckenlängen berechnen 62
Streckenteilungen 53
Stützdreieck 68
Summenregel 74

Tafel 69
Taschenrechner 9
Tetraeder 70
Tiefenkante 69
Trapez 43, 44

Ungleichung 10
unlösbar 10
Ursprungslage 34

Vergrößerung 54
Verkleinerung 54
Vierstreckensätze 58
Volumen 13
– eines Zylinders 71

Wahrscheinlichkeit 73
Wurzelterme 31
Wurzelziehen 30

Zahlenwert für π 47
zentrische Streckung 50
Zentrum Z der Streckung 50
zerlegungsgleiche Figur 42
Zinseszins 8
Zinssatz 7
Zufall 73
Zufallsexperiment 73
– mehrstufiges 75
Zuordnungstabelle 6
Zwei-Punkte-Form 17
Zylinder 71

MANZ LERNHILFEN

MANZ – wenn's ernst wird!

Durch gezieltes Training zu besseren Noten!

Wir bieten Lernhilfen für die Fächer Deutsch, Englisch, Französisch, Latein, Mathematik, Physik und Biologie.

- Jahrgangsbände mit dem Stoff des ganzen Schuljahrs für diejenigen, die generell Schwierigkeiten in einem Fach haben
- Schuljahrsübergreifende Themenbände für Schüler, die sich mit bestimmten Inhalten schwertun
- Sämtliche Lernhilfen mit zahlreichen und vielfältigen Übungen
- Alle Übungsbände mit ausführlichen Musterlösungen
- Außerdem im Programm: Bücher zur Vorbereitung auf den Haupt- und Realschulabschluss sowie auf diverse andere Prüfungen

Weitere Informationen über das MANZ Lernhilfen-Programm erhalten Sie in Ihrer Buchhandlung oder auf unserer Internetseite www.manz-verlag.de